从无锡七房桥走出的文化大家

君子儒钱穆评传

周育华（月光） 著

凤凰出版社

图书在版编目（CIP）数据

从无锡七房桥走出的文化大家 ：君子儒钱穆评传 / 周育华著. -- 南京：凤凰出版社，2011.12（2024.10重印）
ISBN 978-7-5506-1132-0

Ⅰ. ①从… Ⅱ. ①周… Ⅲ. ①钱穆（1895～1990）—评传 Ⅳ. ①K825.81

中国版本图书馆CIP数据核字(2012)第005045号

书　　名	从无锡七房桥走出的文化大家——君子儒钱穆评传
著　　者	周育华
策　　划	无锡凤凰文化发展有限公司
责任编辑	卞　岐　张淑婧
出版发行	凤凰出版传媒集团 凤凰出版传媒股份有限公司 凤凰出版社(原江苏古籍出版社) 发行部电话025-83223462
集团地址	南京市湖南路1号A楼，邮编：210009
集团网址	http://www.ppm.cn
出版社地址	南京市中央路165号，邮编：210009
印　　刷	唐山楠萍印务有限公司 唐山市芦台经济开发区场部
开　　本	787×1092毫米　1/16
印　　张	17
字　　数	198千字
版　　次	2011年12月第1版　2024年10月第3次印刷
标准书号	ISBN 978-7-5506-1132-0
定　　价	89.00元

(本书凡印装错误可向承印厂调换，电话：022-69381996)

△1953年香港桂林街时期的钱穆先生

△1984年钱穆夫妇在香港与儿孙辈合影

△钱穆先生和夫人胡美琦女士

△钱穆先生在台北素书楼寓所

△1986年钱穆先生在台湾素书楼讲课情形

△无锡鸿山钱穆故居纪念馆

△又新小学课堂，摄于无锡鸿山怀海义庄

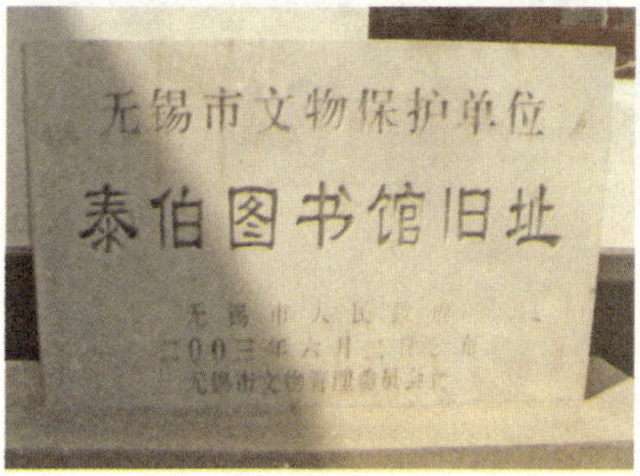

△泰伯图书馆旧址

△无锡鸿山钱穆故居纪念馆，此为素书堂

△钱穆先生铜像，立于无锡后宅小学

△新亚书院，摄于香港中文大学内

△台湾素书楼中钱穆先生铜像

△台湾素书楼钱穆先生书房

△台湾素书楼钱穆先生居室

△台湾素书楼客厅

▷台湾素书楼钱穆先生故居外景

△台湾钱穆故居纪念馆馆长秦照芬女士与作者在素书楼前合影

△荡口花影桥，当年钱先生被父亲问“桥”、“骄”字形字义的地方

△钱穆先生二儿子钱行先生、小女儿钱辉女士与作者合影

△苏州西山钱穆先生墓地

△1998年于台湾出版的五十四册《钱宾四先生全集》，摄于香港中文大学图书馆

序一

《从无锡七房桥走出的文化大家——君子儒钱穆评传》（以下简称《钱穆评传》），是周育华女士的作品。钱穆先生是上世纪著名史学家、教育家，无锡人。周育华女士是位记者，也是无锡人，她敬仰本地走出的文化名人，故而用近两年的时间，收集钱穆的史料，研读钱穆的著作，访问钱穆的家人，潜心研究，勤奋工作，写出了《钱穆评传》，目的在宣扬无锡的文化底蕴，用心良苦。

本书作者与编者，把《钱穆评传》书稿给我，要我写几句话，原因也很简单：我是无锡人。这样，无锡人（周育华）写无锡人（钱穆）的书，就由无锡人来介绍了。而且，我读了钱穆先生简要年表后发现，钱穆先生于1923年曾回无锡任江苏省立第三师范学校国文教师，而近30年后（1952年）我成为无锡师范的学生；钱穆先生于1931年任北京大学副教授，而我于1955年成为北京大学学生。这样，钱穆先生既是我同乡，也是我母校无锡师范与北京大学的老师。无论何种原因，我认真阅读了《钱穆评传》，饶有兴味，一口气读完，很有收获，也有想法，一吐为快。

钱穆先生1895年7月诞生于无锡，1990年8月逝世于台湾，享年96岁。他一生颠沛流离，居无定所，手稿、信件、资料难免流失，而且许多资料还在台湾，所以，周育华女士虽然竭尽全力收集钱穆先生的生平资料，也只能基本上叙述其一生，这已是难能可贵的了。

读书、教书、写书，是钱穆先生的主要生活轨迹。钱先生喜好读书，手不释卷，读而勤思。读了书去教书，边读书，边教书；边教书，边读书；读书、教书而后写书，边写书、边读书，边读书、边写书；读书、写书、教书，当然也教人，互相促进，互为因果。这是钱穆先生成为名教授、著名史学家、教育家的发展途径。钱穆先生的学历，大致是中学，而得以成为著名学者、教授，用今天的话说，靠自学成才，他的刻苦自学、潜心研究、努力奋斗的精神是罕见的。周育华女士对此翔实展开，颇添趣味。

钱穆先生一生的事业是两项：一是当教师，二是写书。钱穆先生当过小学教师、中学教师、师范教师、大学教授，在香港创办新亚书院任院长，应邀至美国耶鲁大学、哈佛大学、哥伦比亚大学等讲学，访问英国牛津大学、剑桥大学等，晚年定居台北，仍到处讲学。钱先生尊重学生人格，循循善诱，诲人不倦。他认为，教育事业，育人优于传授知识。钱穆一生从事教育事业，是位著名的教育家。周育华女士带着独有的感情与思考评述了钱穆先生热心教育、热爱学生的事迹。

钱穆先生是著名的中国历史学家，尤以研究中国文化史为重点，一生著作等身。他以饱满的爱国情怀撰写《国史大纲》，颂扬我国历史的辉煌业绩，特别是颂扬我国的传统文化，主要是儒家文化，他把《论语》作为最高的圣经，颂扬孔子孟子，推颂程朱理学与陆王心学。钱先生眼中的中国文化史，基本上是儒学史。

周育华女士尊称钱穆先生为“君子儒”，其内容有二：一是，钱穆先生是“儒生”，是儒学的研究者、信奉者、倡导者、教育者；二是，钱穆先生是儒家中的君子，毕生以宣传儒学为己任。他以儒学律己，不把儒学作敲门砖以谋取官职权势，不以儒学敛财致富，晚年在台湾拿出历年积蓄创办素书楼文教基金会。他尊重同事，坦诚相见，友好相处。钱穆先生孝敬父母，夫妻互敬互爱，兄友弟恭。钱先生尊重子女，子女热爱父亲。“君子儒”者，钱先生为人处世均依儒学训示为准则，践行儒家道德规范。周育华女士以崇敬的笔调介绍钱穆的品德为人，作者自身的品格追求也渗透于字里行间。

钱先生一生研究中国历史、中国文化史，在他的著作中，在课堂上，一贯颂扬祖国、颂扬中华民族、颂扬中华民族文化，爱国情怀溢于言表。他反对崇洋媚外，仇视贬低祖国、损毁民族文化的事和人。他看似守旧，实是爱国。1937年，抗日战争全面爆发后，他参加北京大学教授集会，赞成决议通电拥护抗战。1938年，钱穆随校迁到昆明西南联大任教。特别是1986年，钱穆先生已达92岁高龄，仍应台湾《联合月刊》编辑之请，发表对国运和世局的识见，谓和平统一是中国的大前途、大希望、大理想、大原则。《人民日报》予以摘转。钱穆先生关于我国和平统一的谈话，反映了当代全国人民的共同愿望和鲜明的爱国精神。1968年，钱穆迁入台湾有关方面建造的素书楼，在钱穆发表关于中国和平统一的谈话后，李登辉等台独鼓吹者，逼迫钱穆迁出素书楼。钱穆先生以96岁高龄毅然于1990年6月1日迁出素书楼，三个月后逝世。

钱穆生前嘱咐，死后归葬故里。1992年，在两岸三通的大潮下，钱穆先生骨灰在夫人和子女的扶持下归葬苏州太湖之滨，一代著名学者叶落归根了，回到了乡亲中间，在某种意义上遂了他中国和平统一的心愿。

历史是复杂的，历史人物是复杂的。周育华女士不避艰难，以文化为本，撰写《钱穆评传》，她满腔热情地、以扎实的文字功力如实地介绍无锡走出去的文化名人钱穆，使我受益匪浅。我谨向读者推荐《钱穆评传》。以上几点想法，是我个人的读后感，也是读者与作者的互动，仅供《钱穆评传》的作者和读者参考。

胡福明

2011.12.9.

胡福明，江苏无锡人。1955年9月就读于北京大学新闻专业，翌年进中国人民大学哲学研究班学习，1962年毕业后，到南京大学政治系（后更名哲学系）任教。曾任系党总支副书记、副系主任、副教授、教授。1982年11月调至江苏省委工作，历任省委宣传部副部长、部长、省委常委、省委党校校长、江苏省政协副主席等职。是1978年5月11日《光明日报》特约评论员文章《实践是检验真理的唯一标准》的主要作者。

序二

钱穆先生是从无锡走出去的著名国学大师、现代儒家学术思想的代表人物，被誉为“一代儒宗”，无锡人民以钱穆先生为骄傲，并以各种方式加以纪念和研究。无锡青年作家周育华的新著《从无锡七房桥走出的文化大家——君子儒钱穆评传》，是我市近年来研究钱穆先生的新成果，对于挖掘城市历史文化资源、深化文化名人研究、促进文化繁荣发展、提升城市文化影响力，具有积极的意义。

翻开此书，字里行间扑来熟悉的乡土气息，从无锡鸿山七房桥至台湾双溪河旁素书楼，作者以灵动和感性的行文带领读者缓缓走进历史门槛，进入理性的审视视野。此书表现了钱穆先生为学建树、育人传世、勤勉修学、珍重人伦、爱国爱家的精彩人生，真实地再现了“成就于大陆、创学于香港、终老于台湾、魂归于故乡”的钱穆先生，享誉君子儒——一个具备仁善和普世价值的一流的教育家和文化学者的风貌。

作者在用丰满翔实的实例轶事娓娓展示有关钱穆先生人生的往事经历过程中，又以朴实而不乏睿智的思维触角，将先生毕生践行的理想要义，或以警世醒言郑重告知，或以平实白描的语句明示。对人物描写刻画，有时简洁临摹，有时激情挥洒。阅读过程，充分感受钱穆先生追寻实践其文化理念的气场，如何身体力行一个史学家、更是伟大的教育家的责任、担当和贡献，也感受到作者本人激情投入的酣畅情怀和良好笔力。

当今时代，世界处于经济全球化浪潮之中，也是中华民族面临伟大复兴的新起点。目前，世界各种文化呈碰撞、交融、多元发展的态势，保持民族文化特色且又具有鲜明的时代特征，是我们面临的艰巨而重要的任务，也是我们作为中华后人的光荣使命。今天我们重温钱穆先生对中国史学研究的实践和贡献、教书育人的办学理念和特色，会清晰地感受其鲜明的时代意义：弘扬中华民族传统文化、振兴国学和教育，不仅是我国政治、经济、文化、教育协调发展的需要，而且也是应对日趋激烈的国际竞争，增强综合国力，提高国民素质，增进民族团结，实现中华民族伟大复兴的需要。像钱穆先生那样“用温情和敬意去研究历史，研究国学”，当我们对于祖国文化的传统价值理念、生存智慧、治国方略等理解、发掘得越深，弘扬传播的范围越广，就越能理性地吸纳外来文化的精华，科学地学习西方文化之真，才能使中外文化在新时代的要求下相融合，丰富我们的文化家园，构建发展新的中华文明。

从无锡鸿山七房桥走出的国学宗师钱穆先生，生前曾殷切期望后人能继续深入史学研究，继承传播灿烂的中华文化。我们期许宗师的品格和典范的精神会走入你的心里，引导你走向“崇尚传统文化，努力修身养性”的道路，这也是作者的美好心愿！

2011.11.19

注：序二作者王立人系原无锡市委宣传部部长。

目录

引言 ……001

卷一 鸿山·七房桥·素书堂

武肃王与玉飞凤 ……008
七房桥与素书堂 ……009
在渔式之恩中自主成长 ……014

卷二 修学篇

华山师奖赏《修学篇》 ……023
顾师引路学韩愈 ……025
未有一面之机缘 获得勤勉精气神 ……028
自求己阙，立志不违 ……030
初涉世事，获交灵魂修缮师 ……033
师生识贤向学的衣钵传承 ……035
与有价值的人交流 ……038

卷三 礼乐人生

不试，故艺……049
以乐化人……051
以乐交友……054
礼乐心情 内外兼修……056

卷四 君士之履

乐道人之善……061
乐多贤友……068
以“乐之”教学……076
仁智勇相伴，不忧不惑不惧……078
易事而难悦……088
修己以敬，心悦诚服……097
商教巨子家乡联袂……100
享受生命乐趣……106

卷五 温情与敬意铸就《国史大纲》

历史见证，也是友谊的倾情见证……122
孕育与向导之责任……123
接受多元，择善固执……126
历史也可以是感性而文学的……128

卷六 立人，达人

为教育而出发……133

精神是富裕的 …………………………………………137
这点损失微不足道 ………………………………………140
新亚在艰困中，我不能离开 …………………………142
指导开发那宝藏的人 ……………………………………145
教育的长效功能 …………………………………………148
事业非职业 ………………………………………………150
点石成金的手指 …………………………………………151
人的深加工厂 ……………………………………………153
新亚师生人格的一部分 …………………………………155

卷七 文化的选择

破旧开新大堪惋惜 ………………………………………159
政治工具，中华文化弘扬，孰小孰大？ ………………161
文化实在而不虚幻 ………………………………………162
保持文化的独立与尊严 …………………………………164
儒家思想也有缺陷 ………………………………………166
文化的正道与偏离 ………………………………………167
文化需要对经济声援和扶持 ……………………………169
互相消融——互敬文化的先见之明 ……………………171
中西文化相见而欢 ………………………………………173
中国文化体现在每个人身上 ……………………………176
道不可被术掩盖 …………………………………………179
文化的仁善 ………………………………………………181

卷八 “文化”的胆略与智慧

“文化”胜任者凤毛麟角……………………………………187

宁失言，不肯失人……188
行走在被接受吸引的强大气场里……190

卷九 晚学尊朱

特别鉴赏理气论、心性论……196
关于新道统……198
并举四书开先河……199
回归心灵家园……199
永久停靠于“无锡七房桥”……201

卷十 岁月无情人有情

“演讲”奇缘 因祸得福……205
崇敬爱戴，孩子般精心照顾……208
西山一日记……209
父爱缺失由母爱浓情弥补……212
感谢继母 理解父亲……217
叔侄情谊……221
父女于台湾相伴一月……223
总有几天阴雨气候……227
时代的缺憾 缱绻的情怀……229

后记……239

附一：钱穆先生简要年表……242
附二：《钱宾四先生全集》总目录……246

引言

孜孜探寻和守候中华民族共同的精神家园，以温情和敬意为中华文化招呼英魂，这是钱穆先生毕生所致力的事情。

他所致力的事情有个显要目的，梳理优秀传统文化以增强中华民族自信心，这在民族信心脆弱的时代尤显空谷足音。

这样一位现代文化大家，自学成才著作等身，从事传道解惑八十年，子贡赞赏孔子的话，他可以全然受之：“学不厌，智也；教不倦，仁也。仁且智，夫子既圣矣。”他的传世之志、传世之德、传世之言，给予桃李学子在成长成熟中怎样的丰富养料——仅从五十多部著作，八十多年几近终身的教学生涯来看，也能大致想见。然而，不仅仅是这两个数据，在数据之后有着更多感性精彩的为学建树、育人传世的故事。

陶行知先生在《第一流的教育家》一文中说到：“我们常见的教育家有三种：一种是政客的教育家，他只会运动，把持，说官话；一种是书生的教育家，他只会读书，教书，做文章；一种是经验的教育家，他只会盲行，盲动，闷起头来，办……办……办。”他对这三种政客、书生、经验教育家都不满，认为他们都不是一流的教育家。真正的、一流的教育家应该是既立志立德，又立功立言，方才可能成为一流的教育家。本书作者尽力想把这样一位一流的教育家呈现给读者，钱穆先生的文化精神，本身很丰富多彩，作者只须用白描的手法叙述临摹。

我初识文化大家钱穆，是先生对小人儒分析的一段精辟语录，由此产生了浓厚兴趣。先生认为“小人儒有两层意思，一是只溺情专注于书本典籍，而对世道漠不关心；一是只注意章句的训诂，而对字面之下的义理领悟得甚少。”后来我渐渐地走进了他辽阔的精神世界，看到璀璨的生命智慧照亮出的是一位“君子儒”的身影。那些“国学大师”，“百年的最高丰碑”等称誉，倘若加在钱穆先生身上自然也很恰当，但其构建的架势违背了钱穆先生对“中国文化内倾性”的独到理解，抽离了他一贯强调的“儒学精神贵从小处讲”的传承精髓。因此作者在这本书里，更愿意介绍给读者的是，在我们身边应该经常见到、实际却很稀少的这样一位可敬可亲的君子学者——优秀传统文化的主动传播与践行者。

君子，古代指“有位者或有德者”，孔子、孟子所处的政治位置要低于鲁哀公、齐宣王，但前者可以对后者进行治国指导，所以从思想高度的位置与践行的触角来看文化士人，都可以成为“德”“位”兼备的大君子。钱穆先生坚信，“君士之履，小人之视”，只要君士将君子行为一路传播履行，所到之处，小人也会在一旁观望，而受到或多或少潜移默化的影响。但假如无君子作为，则世上全是小人的言语行为在横行了，因为君子与小人遵循的也是一个此长彼消、彼长此消的恒量规则，所谓“君子道长，小人道消；小人道长，君子道消”。

君子与儒业的结合，便坚守了文化的独立地位，不会轻易依附于权贵、依附于政治，反过来可对政治对社会，进行最具人文与理性的引导。其实儒业已先孔子而有，孔子这样告子夏：汝为君子儒毋为小人儒。君子儒的能量可大可小，钱穆先生彻悟先贤的初衷，深信中国文化体现在每个人身上，希望薪火相传、代代递接，君儒思想经播撒和接受，“人人皆可为圣贤”并非遥不可及的神话。

钱穆先生不主张我们把孔子看作教主，孔子一生倡导的是如何自学与做人，如何“道”“术”兼备。志于道，据于德，依于仁，游于艺——这四个孔门教学总纲目，兴许可以总括钱穆先生的教学旨趣。道行在外，德修在己；求行道于天下，先自据守己德，如行军作战，必先有根据地；仁是人与人相处之道，当依此道不违离；人习于艺，如鱼在水，忘其为水，方有游泳自如之乐，游于艺时，不知不觉成才进德。

钱穆先生8岁时就会在众人前背诵表演《三国演义》120回，其中有段孔明的答词，是对君子儒与小人儒的明确界定——“儒有君子小人之别。君子之德，忠君爱国，守正恶邪，务使泽及当时，名留后世。若夫小人之儒，惟务雕虫，专工翰墨；青春作赋，皓首穷经；笔下虽有千言，胸中实无一策……此所谓小人之儒也。”它们像密语般神谕镌刻于钱穆幼小心智中，随同阅历年岁一起丰富、强大。

卷一

鸿山·七房桥·素书堂

JUN ZI RU QIAN MU

PING ZHUAN

武肃王与玉飞凤

七房桥与素书堂

在渔式之恩中自主成长

◇大道源头的真理信仰、灵魂元气，必然是简单而又朴素的，人类道德，都会是，仁义礼智，“九九归一”。

◇比起宇宙无穷的时空，数十年只是短暂的一瞬，他们就在这一瞬中，选择了咫尺方圆的精神观照与守望，这很耐人意味不尽。

◇父亲钱承沛处处宽松，却又处处留意，他希望孩子自己能够触类旁通，自己去发现感悟读书做人的学养与道理。

卷一　鸿山·七房桥·素书堂

文化，是群体生活与价值、人格的一种沉淀。钱穆先生认为，“所谓文化，必定有一段时间上的绵延精神。换言之，凡文化必有它的传统的历史意义。故我们说文化，并不是平面的，而是立体的”。教育，是文化在绵延传播中，最集中与见效的“讲习学宫”，它可将沉淀后的生活智慧、价值标准、人格力量，在时空的绵延中，阻截模糊，催生清朗。

藉以孕育生长的血脉与地域，对文化的承继渗透，无不存有模糊与清朗的哲学关系。生长于无锡鸿声（后改鸿山）七房桥，又从这里走出去的文化大家——钱穆，他纵向的家族血脉承继，可追溯到吴越太祖武肃王钱镠；横向的地域历史沉淀，则可观照吴越文化的图腾玉飞凤。

武肃王与玉飞凤

公元10世纪，钱镠在杭州治城时，只关注湖水的清浊、民众的福祉，而不惜放低政治的名号、军事的意气，在钱塘江口降伏了大海对这座城的生态威胁，被人们称为“海龙王”。接着他又疏浚了西湖、太湖、南湖和鉴湖。只要历史良知显现，这位立足民生与环境的吴越王不该被人们忘记。杭州是幸运的，这种幸运与造福的责任担当，在血脉中没有停止过流淌，时隔34代的嫡孙钱穆也绵延了这种立足文化本位，立足“达则兼善天下”的文化秉性。

吴越文化经过三千多年的演变，成为一种深刻历史记忆，熔铸着先贤精神和浓郁的地域文化。在历史取舍中，吴文化主要是接受了周文化的深厚影响，很大原因是在圣教孔子的导向下。孔子极其仰慕与推崇周文化精神，他“习儒业深佩周公所得”，钱穆又对孔子的儒学思想情有独钟一脉所承。无怪中庸有曰：“道不远人”，孔子还说：道路只有两条，行仁与不行仁罢了。所以大道源头的真理信仰、灵魂元气，必然是简单而又朴素的，人类道德，都会是，仁义礼智，“九九归一”。

玉飞凤，随着2004年全国十大考古新发现之一鸿山墓群的挖掘出土，一度成为图案主角，毫无悬念于2008年被推为无锡市徽标。图腾玄鸟、展翅凤凰糅合成的独特造型，充满着韵律和动感，无锡鸿山的玉飞凤，就以这样的形象闪亮出土，它是人和人伦的美丽化身。有人说：“美”是一种比“德”更深刻、更具终极性的东西。

2500年间一直静静地躺在这方土地里的玉飞凤，恰恰正与国学宗师、文化大家钱穆生根于同一故乡，同一土壤，虽然时间相隔久远，但有过数十年时光的重合，且相距的空间就近在咫尺方圆里，这不能不令人寻思……在鸿声毗邻的三个村子半个世纪里就呈现了七位院士，七位人类学科最高殿堂中的精英。"院士"其本身是社会化的一个成功坐标，在此坐标之下，有着更为丰富的精神与品质，值得我们去细细品读。哲学教授周国平说：人生的第一目标是优秀而不是成功，成功只是优秀的副产品。钱穆与其他六位院士，定是首先让自己具备了优秀品质，如玉飞凤至善至美的形象化身所具备的品质一样。1895年7月30日，文化教育泰斗钱穆，于江苏无锡鸿声啸傲泾七房桥村诞生了。比起宇宙无穷的时空，数十年只是短暂一瞬，他们就在这一瞬中，选择了咫尺方圆的精神观照与守望……

吴文化研究会有人士作出这样的分析：内在自觉并超越自我的勇敢探索精神，成为吴地人一种执意进取的永动机，以人为本的人文精神，崇文重教的文化理念深深融入了长三角地区的社会结构与民俗民风之中。这正是吴地文化的优秀品质。

无锡孕育和送出了钱穆这样的国学文化大家，是玉飞凤的观照和预言？还是吴地优秀文化千年积淀的结果？有待我们追思……

七房桥与素书堂

七房桥名的由来，始于吴越王后迁锡湖头的18世祖。距今约1400年，钱穆18世祖钱正德生下七子，在啸傲泾上分建七宅，骈连于东西一线这条啸傲泾小河边，七家墙门宅第连成一片颇成规模，泾东千步许有一小桥，"房""桥"皆备，互为见证，七房与小桥成了"七房桥"名字的实景展出，被一代代后人朗朗上口地印证呼唤。其实，随着人丁的兴旺衰落变更，钱氏聚族而居已有多个村落，祖先七房所生活浸润的地方无处不是“七房桥”，但唯有这里，可以瞭望升腾过钱穆祖先的灯火炊烟，可以找寻文化大家幼年留下的音容足迹。“七房桥”，已成为国学思想童年摇篮的一个代号，没有理由不流传至今，并会代代呼唤下去。现在又有渔业村、友联村加盟于“七房桥”，与原来的七房桥一起合称“七房桥村”。

七房初时的兴旺程度，超乎想像，沿啸傲泾七房宅的南北两侧多为良田，每房拥有良田一万亩以上。桥北有一小村，是七房桥的公仆居所。泾西约五百步又一桥，名丁家桥，桥北有丁家村，是七房桥的乐户，从明代便沿袭下来，世代演习昆曲锣鼓，歌唱吹打，每一房有喜庆，乐户全数集于宅前大场内演奏。直到钱穆儿时，还吹拂到七房桥乐户那悠久温良的乐风。

钱氏七房桥直至钱穆的曾祖父的爷爷这辈，家境仍然宽绰有余，供养上学自不用说，钱邵霖很会读书，考中贡生进到江南贡院深造。1841年他的第一个玄孙、也就是钱穆父亲的长兄一出世，钱家便有了划时代意义的“五世同堂”，而获得了道光皇帝的嘉奖，被赠予“五世同堂”匾额，世代悬挂于大门，第二进厅堂为鸿议堂、第三进为素书堂。

1763年，五世同堂的第一先祖、列29世祖钱邵霖，凭着对先祖怀义济世的理解，开办了怀海义庄，划地有200亩，到道光年间就达900亩。七房桥前后共办有三个义庄，另还有清芬堂义庄和宏远堂义庄。义庄虽然是建立在血缘纽带上的家族救济，但从属戚中延伸出去的接济范围并不算小，鳏寡孤独藉以远离贫困死亡、获资求学进取，意义非属寻常。要说义庄的首创人，得追溯到11世纪的儒教复兴时期，在宋代有位重要的代表人物，他就是大政治家范仲淹，其站在历史的高位，给后来兴起的宗族义庄率先做出了榜样。义庄不仅为极度困乏的穷人提供了物质养料，重要的是，还给以资助上学求进，不啻是供应了心灵和精神的养料。受助人身心壮大之后，会向求学布道的地方一路传播热能，这种热能的播撒，其能量之大、波及面之广，是不可低估的。义庄不仅救活了无数条生命，并赋予生命以知识、尊严、道义、担当。经义庄的全力搀扶，从这里会走出灵魂的拯救师、科学的发明人、社会的先行者……

钱氏七房后代贫富日益悬殊，到十九世纪后期，怀海义庄交到了31世富三房手里，由那些成为乡间绅士者轮管。该义庄本为五世同堂祖先所创立，但因管理不善，五世同堂的贫病老幼，却未能得到庇荫免除饥寒，其他属戚潦倒者更加无助。于是钱穆父亲钱承沛（字季臣），为全族中的穷困孤寡挺身而出，与富三房的伯叔父辈们论起了理。常言道，得道多助失道寡助。无锡县署主事者深知钱承沛的达理为人，鼎立支招相助，虽说富家三房有失职守与公允，但良知和道义尚在，一来二去，很快信服了这位有理有节的同宗侄子。协议达成后，就义庄抚恤救济的时期、等级等，在钱承沛的督促下一一定了详细条款，并新聘了账房来遵照履行。自此，五世同堂一宅和贫困属戚，无忧于粗衣淡饭。也从此事后，一族中事无大小，都来就商于钱穆的父亲，富三房若遇族中事定不下来，也要找承沛商榷，更有甚者，族中族外及乡间的事，众亲友干脆直接跳过富三房绅士，来找承沛商议决断。那时他还未满30岁，犹如担任了族长兼乡绅的职责。

自钱邵霖祖先之后，七房桥全族的诗礼传世书香承接，则多赖五世同堂祖孙接力。钱穆的曾曾祖父、曾祖父、祖父，他们既是五世同堂的中坚力量，也是全族书香传承的明亮薪火。钱钰，字鞠如，钱穆的祖父，他留给子孙辈有一函手抄《五经》，用的是上等白宣纸，字体大小、墨色浓淡缜密一致，如出自一日功夫，被钱穆父亲以黄杨木和锦带穿孔细致裹扎，并镌刻"手泽尚存"四字。祖父留给子孙的阅本还有一部是大字刻本《史记》，上面有鞠如公阅读后留下的批注和五色圈点，除此手迹纪念，并有主人因眼疾留下的临书泪渍，令钱穆与钱挚兄弟常常抚书把玩，想念不已。

上等宣纸，匀一字迹，工整批注，还有黄杨木、锦带、勤习的泪渍，钱穆父子和兄弟不仅获得祖父的《五经》、《史记》两本古籍，这些读书习惯的练达养成、由读书获得的尊贵、庄重，都无不烙印于童年的心志与情结上。钱穆自幼接触书籍即爱读《史记》，无疑是祖父的阅本，首引他进入历史文学的钟情殿堂。

祖父病卒时其儿钱承沛，也就是钱穆的父亲，才年仅3岁。好似血脉中隐埋了习书的心智与习惯，自幼便有神童之称，成长中发奋苦学。其实应该说是"乐学"，他把自已置身于无人居住的素书堂后进的破屋里，寒暑不辍，夏夜蚊虫叮咬难耐，便将双足浸于酒瓮中习读，每晚要研读到深夜过四更。不得读书的快乐，不会有这样的坚持。他16岁时便得县试秀才，因体弱多病，几番乡试均在场中病倒，后来便远离考场。

父亲熟读的课本，令钱穆兄弟记忆犹新，其中有篇《春山如笑赋》，对山水的景色描写，是最早进入先生记忆的山水文学摹本。春山景色美如笑颜，这股能闻见的诗意山色，原出自宋代郭熙的《林泉高致·山水训藏》："春山澹冶而如笑，夏山苍翠而如滴，秋山明净而如妆，冬山惨淡而如睡。"那时从家乡七房桥向南远望，能见秦望山一抹，先生对山水寄予的人文与情趣，便从此文此山开始缱绻延绵，清代雅士的小品骈文，飞舞出翩翩神韵与精灵，吸附于先生人生远涉的山水情怀中。

父亲熟稔的课文还有一篇是《岳武穆奉诏班师赋》，记录了岳飞壮志未酬、挥泪奉诏率领出征的军队打道回朝这一激愤的心路历程，那股子民族气节忠义之情，因为有了委屈忍耐，穿行于文字中更显张力，给予钱穆刻骨铭心的记忆和情志渗透。

五世同堂两遭火灾，在钱穆与元配夫人结婚后不久，其夫妇与母亲居住在第三进素书堂的东偏房，两卧室与书屋在火灾中，连同祖父的手抄《五经》、《史记》点评，还有父亲的学堂课本一起化为灰烬。荒残老楼一旦触及星星火苗，则是无法遏制的易燃物，只能任凭火焰嚣张蔓延，好在火势发作之后家人无碍，于是迁家至荡口居住。书稿物体消失了，却只会加重记忆的深度与承当。

素书堂东偏房留给钱穆有很多温暖记忆，在他17岁时，身患伤寒重病，病痛不宁将近两月，全由母亲晨晚不离床侧照料。两月后胃口稍开能进些薄粥，有次天不亮见母亲爬梯登屋上，取来手制酱瓜，这个场景如发黄的照片永远印刻于钱穆先生的记忆深处。接着母亲床旁喂粥喂汤又过十多日，才能进些米饭，后来身体一天好似一天，直至完全康复，这其中每一天都少不了母亲的操劳。“没有母亲的全心照料，就没有我第二次生命”，先生如此感怀。五十多年后定居台北，在外双溪建造住楼，特将居屋题名为“素书楼”，只为纪念母亲的养育和再生之恩。

幼生金匮让皇山啸傲泾让与傲习成性

老住台湾士林区外双溪士而双享余年

这是先生晚年自撰的一副对联。“金匮”是无锡原称，“让皇山”为鸿山原名（由泰伯三让皇位而来），“啸傲泾”正是流淌于七房桥村的一条小河。“‘让’与傲骨，终身为士”，恰是钱穆先生一生写照。

在渔式之恩中自主成长

钱承沛非常喜欢孩子，常对人说：“我得一子，就如别人家增田二百亩。”那时候糊口的稻粱总不够填满嗷嗷待哺的嘴巴，田亩自然稀罕于人口。而钱季臣出此语，足见他有多么珍爱膝下的孩子。他与夫人从不对孩子疾言厉色，子女偶有过失，只对以温婉数语，让其自己悔悟。

1901年秋的一天，父亲搀着钱穆的小手，来到四叔祖父房中的一个伯父家，这里有位华姓私塾老师，由伯父一年前聘得，专教堂兄、还有哥哥钱挚和华师自己的一个孩子，三人在一起已跟华师上了一年学，这天钱穆也加入其中。四个学生不是属戚就是邻里，相互熟稔不免调皮，塾师总以增加生字识读来惩罚，钱穆最年幼淘气，常成为受罚对象。老师看他日读生字二十都能记下，忽增为三十，他也能强记不忘，再增四十……直到日读生字七八十，仍然难不住小思鑅（先生的原名，“钱穆”是后来兄长为其改名而得）。有次父亲站一旁抚摸钱穆脑袋，指着还没开讲的课文问他，“及孟子没”的“没”字是何意?

“如人落水，没头颠倒。”

“你怎么会知道没字就是落水？”

“因为字的偏旁称‘三点水’，我就这么猜了。”

父亲笑着对塾师说："这孩子好像前世读过书！"

塾师连说："是啊，他的聪慧常叫我吃惊！"

父亲每晚必到街口的鸦片馆吸烟，镇中有事商议，也多在这儿解决。一天晚上，侍从杨四宝带8岁的钱穆随父亲同去那里戏要，馆中难得会有小孩子光顾，一见又是伶俐小思鍱来了，几位叔伯客友来了兴致，一个问：听说你能背诵《三国演义》？钱穆点点头。"今晚来一段试试？"钱穆仍点头。又一客说："我来命题，来段《诸葛亮舌战群儒》！"

钱穆当即背诵还加表演，念诸葛亮的讲词时立于一处，念张昭等人的讲词时，另立一处。全段背得滴水不漏，有声有色，表演完后，众客友拍手叫好，不停嘴地对钱承沛夸赞，"你这孩子太有灵气了，记性好，还口齿伶俐"。父亲的反应却是唯唯不答一词。实际上先生的当众出色发挥能力，这时候已初露端倪，以后无论在学校课堂还是社会各界的演讲，都能处处吸引听众，也许是"童子功"起着不小的作用呢。

第二天晚，杨四宝又招呼钱穆去鸦片馆，父亲也不阻拦，路经一桥，父亲迂回地敲起了警钟："识桥字吗？"钱穆回答："识。""桥字何旁？""木字旁。""如把木旁换马旁是什么字，识吗？""识，是骄字。"父亲又问："骄字何意，知道吗？""知道。"父亲这时挽起儿子的手臂轻声说："你昨晚的状态有没有近似这个字啊？"钱穆听闻大惊，低头不再吭声。

众客友见到小思鍱又来了，不禁欢喜，谈笑声四起，"今晚要改新题表演……我来命题，来背一段《诸葛亮骂死王朝》……"你一语我一语期待钱穆的表演再让叔伯们过足瘾头。但今晚的小思鍱不再是昨日的大将风范，神情中尽显忸怩不安，任凭大伙怎么催促他就是不开口。父亲的这次婉言提醒对先生震惊很大，直到他80岁还深记不忘，以后杨四宝不再带钱穆去鸦片馆戏耍，他料想定是父亲暗自叮嘱了。

不作正面教诲，而多从侧面启发，可谓教子善方，值得当今家长借鉴。现在的家长见孩子在众人前露出得意洋洋之情，忍不住要出面断喝，不许骄傲啊，或立即当众表态，不乐意多让自己孩子表演。父亲没有这样做，他要孩子自己成长，同时感受自主成长的尊重与快乐。如同启发钱穆兄弟俩读书一样，授他们以渔，而不是鱼。他说："读书当知言外意，写一字，或有三字未写，写一句或有三句未写。遇此等外，当运用自己聪明，始解读书。"父亲钱承沛处处宽松，却又处处留意，他希望孩子自己能够触类旁通，自己去发现感悟读书做人的学养与道理。

"贤妻良母"，人们总喜欢用它来说一个女人的贤惠温良，这个词可以说明女人所兼妻子、母亲身份的双重称职，它用在钱穆母亲身上，委实最恰当不过。一般在这个恰如其分的笼统描述后面，还一定有口耳相传的个性色彩，有让人唏嘘感怀的独到情节。母亲的心灵手巧族中无人能比，先生回忆录中说，他父亲在外吃到一道佳肴，回来告诉母亲，母亲必然能够依照所说的色味调制出来，父亲吃了既满意又服帖。母亲尤其擅长制作各色腌菜酱瓜，精美独特，后来教给大小媳妇，做出来的口感味道总是及不上母亲的功夫，母亲知道钱挚钱穆兄弟都爱吃她做的小菜，到季节就会制备许多，留着给他们寒暑假回来吃，每每看着丈夫儿女津津有味地享用她做的美食，没有比这更心满意足的了。

外柔内刚的禀赋使她的贤淑分布于家庭内外，与人相处，施人者必多，受人者必少。母亲的贤淑，还含有高明的成分，先生有此感怀：母亲给人的慈祥之气色、周到之恩情，能使接受者，渐渐退却歉疚之情而重获新生。布施恩惠确有巧妙与否，倘若让接受者内心不安，这样的恩意可能在传达过程中就会夭折。

家庭以外，母亲的情意礼节婉转得体，使族中老小很少有不满失敬的举止，她在待人接物中还精准地表达出丈夫的本意，使族中人将他们夫妇俩视同一体。可不能小看这视同一体，父亲在族中所获得的尊敬，母亲也等量地拥有。仅从称谓上也能看出一些微妙。族中男子互不称呼辈分，也不正经叫名字，呼来唤去都叫诨名绰号，比如西弄堂有个五叔父，族中人都叫他屋盖，他媳妇就被唤作屋盖媳。而唯独钱穆父亲被正经地称为珍二相，他母亲就被尊称为二新嫂。举族尊长无不是这样称呼他俩。

珍二相受族人内外普遍尊崇，除了他处事公正不图私利外，还有一个不为人道却为他带来无形尊严的原因，就是从不示人以窘迫与艰困，绝少让他人知道自家的经济实况，二新嫂自是与丈夫保持一致外交口径，与戚族往来，也绝不谈及家庭经济。夫妇俩总是以礼节轻轻挡驾，不让外人侵扰他们做人的尊严、内心的高贵。直到珍二相病逝，族中亲属吊唁上门者络绎不绝，女主人顾了伤悼顾不及为家境遮掩，戚属们方才知晓二新嫂家有怎样程度的艰难，七嘴八舌的热情包围了这个残缺的家，纷纷主张二新嫂家应按照贫寡救助条例领取怀海义庄的抚恤。二新嫂面对大伙的热心与仗义，泣不成声，还想拒绝义助，以此伤悼逝者：

“丈夫在时，常言生平惟一憾事就是与族中伯叔父为义庄诉讼，但稍可赎还一点歉疚的是，问心无愧没有为自家图一私利。可今棺木还没入土，他的妻子儿女却要吃义庄抚恤米了，我有何颜面再见地下的丈夫？”

“珍二相从没有私心，不光族群人知道，外族不相识的人也都知道，义庄抚养孤寡，完全符合列宗列祖的遗愿，你们又属五世同堂门下，若不接受义庄抚恤，这让其他受助人怎么安心呢？”

二新嫂眼含泪水，拉过钱挚钱穆两儿到面前，泣声说：“婶婶伯母叔叔伯父的话，你俩听到了吗？这一番好意我们只能领下，为娘只望你们立志早谋自立。”兄弟俩与母亲抱在一起啜泣不止，旁人无不落泪伤感。钱挚钱穆是家里的长兄，再也没有了父亲这根顶梁柱，必须要与母亲在生活中相互搀扶，这时的泣哭，是兄弟俩向父亲表达一种心意，也是向族人保证，绝不让母亲过度操劳，母亲则用对孩子的激励，来追思丈夫。

母亲不识字，16岁就嫁入钱家，先生回忆说，她平日闲话家常时，常会说到父亲与祖母，说的好像都是琐事，都是闲话，但每语后皆有一教诲，皆有一中心。父亲离世后，母亲在家常的闲谈中，告诉钱穆哥俩多以父亲的遗言遗行为主。先生说道：“一家生活，惟若先父之灵，如在我前，如在我左右，兄弟日常以听到父亲的遗言遗行为乐事。”

一位不识字的母亲能让儿子的精神生活如此丰沛愉悦信心满满，在此有必要对“文化”仔细打量。电视工作者、著名主持人朱军在描述他母亲的一段话中，对文化所涵盖的最紧要的东西有所挑明，不妨辑录于此：

> 我妈妈是一个只上过小学的人，大字不识几个，连一封完整的信都写不了，但是当人们说起她没文化的时候，我会跟他们辩驳。我说我妈妈只是缺乏文化当中的一个范畴叫知识，而不是文化。她身上所体现出来的文

化品质是我们很多文化人都不具备的，她拥有几千年的文化传承，那是一个民族的美德。她相夫教子，甘于奉献，在家忍辱负重，拉扯着我们7个孩子长大成人……

文化的术与道在这里因为有了明显分野，而被看得分外真切，只注重前者术，却忽略后者道——应警惕不要成为现代人的思维常态。

卷二

修学篇

JUN ZI RU QIAN MU

PING ZHUAN

华山师奖赏《修学篇》

顾师引路学韩愈

未有一面之机缘　获得勤勉精气神

自求己阙，立志不违

初涉世事，获交灵魂修缮师

师生识贤向学的衣钵传承

与有价值的人交流

◇童年时期，身边有这样一位如东方朔一样足智多谋的老师，实乃一快事，心身初涉人生便沐浴着趣乐成长。

◇英国哲学家怀特海说：什么是教育？教育就是把你在课堂上学的东西全部忘记了，那剩下的东西就是教育。

◇将“修心养性”直接通达“平天下”，而不再仅是“小资”式的修炼。

◇人生有几个40年呢！虽觉时间的无情，但足感欣慰的是，40年前的一对情投意合的师生，今天仍然情义交融结伴而行。

◇在秦校长看来，报纸与学校一样，是灵魂的修缮师，马虎不得。

卷二 修学篇

华山师奖赏《修学篇》

先生7岁上私塾，10岁进入一所新式小学——工商界杰出人士华子才创办的无锡荡口镇果育学校。学校分初高两级，各四年，他与兄长钱挚，分别入初级小学一年级、高级小学一年级。

有位教唱歌的先生名华振，为全校师生共同景仰的中心人物，曾游学于日本，风姿俊朗，诙谐近人，自拟东方朔曼倩，故改号倩朔。

齐鲁奇人东方朔，西汉辞赋家，以滑稽名世，字曼倩。汉武帝即位时，征四方士人，东方朔上书自荐，诏拜为郎。他性格诙谐多智，言词滑稽敏捷，常在武帝前谈笑取乐，善于观颜察色，待机直言切谏。

倩朔师也好于逗乐中寓训诲和教理。童年时期，身边有这样一位如东方朔一样足智多谋的老师，实乃一快事，心身初涉人生便沐浴着趣乐成长。倩朔师擅长书法绘画，也能吟诗填词。其所创《西湖十景歌》，全国传诵。先生最喜欢读他的几首秋夜咏歌，“歌辞浅显，而描写真切，如在目前”。明初以来，白话新诗多少缺乏诗味，而倩朔诗在“真白话”上仍有其真情和诗意。

倩朔师还兼任先生所在初级小学前两年的国文课。每周六下午是作文课，一日，老师出作文题《鹬蚌相争》，先生与往常一样早早完成，待周一来校，见许多同学在围观教室外墙张贴的一篇作文，他伸头一看，正是自己写的那篇。全文有四百多字，倩朔师留下这样的评语：“此故事本在战国时，纵横家苏代以此讽喻东方诸国。惟教科书上未言明出处。今该生即能以战国事作比，可谓妙得题旨。”先生在文末这样结语：如若鹬不啄蚌，蚌亦不会钳鹬，故罪责元首在鹬而不在蚌。倩朔师评说：“结语犹如老吏断狱。”意谓老司法官判案，是非断定又快又准。

先生因为这篇文章跳升一级，还获得倩朔师的赠送奖励——《太平天国野史》一部两册。跳级后，国文老师改为华山先生。在华山师班上，又因某篇精彩作文获跳升一级，华山师奖赏他《修学篇》一书。

《修学篇》，由日本人所作，蒋方震翻译，书中网罗了西欧英法各国数十人，未经学校正规学习，全靠自修苦学而成为有突出成就的学者。先生回顾时深感，自中学肄业后再没有进过学堂，自己有信心和毅力苦学不倦，全受此书影响。从此也很欣赏蒋方震，尤其感谢他对自己的早期引导。他中学时，梦里都想就读北京大学，但始终没在大学上过一天学，却后来登上了北京大学、清华大学等名牌大学的讲坛，还受多方邀请讲学于国内外著名大学。1940年后有次教育部召开学术研讨会，先生填表，学历一栏填“无”，专长填的是“经、史、子、集”。

先生在中学5年中，利用课余时间自己读朱熹的《四书集注》，这是儒家最有代表性的经典著作，他读得如痴如醉，辍学后在家自学中，又读到清儒写的《四书改错》，这才发现朱熹也有错，惊奇之后，埋下了不盲从权威的心理种子，且有了在自学中领悟权威、超出权威的一种指引。

勤勉修学，与他的人生一路相伴。

英国哲学家怀特海说：什么是教育？教育就是把你在课堂上学的东西全部忘记了，那剩下的东西就是教育。那剩下的东西是什么呢？就是一种自主学习的能力与习惯，还有融于生命血液中的人文与品质。先生好似走了人生教育的一条捷径。

顾师引路学韩愈

有一天下午放了课，先生正逗留于教室，忽闻一同学喊着他的名字从外面急速跑进来，跑近后兴奋地对他说，你马上去见顾先生。

果育学校本是华氏一祠堂屋，轩厅北侧房被称为“乐在斋”，这里有落地长窗，窗外是个小花园，有假山池水，几位师长平日无课时都集于此乐哉优哉谈天说地。轩左侧房，为顾师卧室。校中老师都住镇上，独有顾子重老师由县城中来，距家路远故借宿于校中。每日下午四时课毕，其他老师已散去，顾师留于乐在斋读书饮酒，班上学生都喜欢过来与他交谈。

这天放学后学生又围坐于顾师门前，见老师案上放置一本大字木刻的古籍，定睛看是施耐庵的《水浒传》，有同学不以为然，闲书也有如此像样的书品门面？老师说，此为中国的文学巨构，怎能视作闲书？

有同学接话，校中有低年级学生钱穆，勤读《水浒传》，每天早晨到校后，就会被同学包围，抓紧上课前一会儿工夫，大伙爱听他讲水浒故事。要不要我去叫他来？连小年龄同学都能烂熟《水浒传》，这有点自豪的，似能在自己崇拜的老师面前证明些什么。

先生不知什么事，跟着同学来到顾先生面前，站定后听老师发问：“你能读水浒？”10岁的钱穆成竹在胸：“是！”

果然不负众望，老师提了几个水浒中的问题，他都对答如流。看看我的同学有两下子吧！同学们的得意劲，引得钱穆也释然笑起来。顾子重老师这时用非常肯定的语气说：你读《水浒传》只看大字，不看小字，故所知仅此而已。钱穆听后大为惊讶，何以老师知道我这个习惯？回去后，钱穆又重新细读《水浒传》，从头至尾一字不敢遗漏，这一读才知道，小字皆为金圣叹的批注，实乃精华，再也不忍弃之，反复读了六七遍，才觉过瘾。

以后先生读其他小说，那种获益感都远逊于此，自幼喜读中国小说的习惯便从此除去。先生也自此，常入后轩侍读顾师左右，受其影响，改看翻译本西洋小说，有《天方夜谭》和林琴南所译的名著。他后来的作文也变得多擅长夹叙夹议，评论引用显示出语言洒脱、视野开阔，多次获顾师夸赞。一次顾师断言，钱穆作文已学得几分欧阳修的神韵，他日有长进，定能学得韩愈。先生听闻后眼睛一亮，从此就把“韩愈”装于心中了。

这种高瞻远瞩式的鼓励与引导，便是老师的“道之所存”。是巧合，还是冥冥之中所设定？老师所指引的学习榜样——韩愈，正是一位大教育家，他留下了珍贵的教育文献《师说》，对“师道”有精深的论述，所阐述的教师标准，所要达到的境界，再无后人超越。“道之所存，师之所存。”意谓“道”是师的前提条件，师道永不可分离。

先生幼年时就遇到顾子重这样一位存道于心的老师，实乃他的一大幸运，谁说不是“道”之所传的代代学子的一大幸运？！先生的教育之路启程前，就已心装“韩愈”，立志学韩愈。

“书山有路勤为径，学海无涯苦作舟。”这是韩愈留下的名言，也是先生自学苦读的实践路标。

自韩愈起，原来默默无闻的《大学》，被提高到了万众传诵的地位，原因是《大学》里的一段话被韩愈反复传诵，他由此好像找到了万丛之木，万山之石，万水之源，万事之本……“欲明明德于天下者，先治其国；欲治其国者，先齐其家；欲齐其家者，先修其身；欲修其身者，先正其心；欲正其心，先诚其意。”这段话的意思，将“修身养性”直接通达“平天下”，而不再仅是“小资”式的修炼。

勤奋苦学、修身养性——这也是君子儒精髓中的主要“金属元素”，先生在学业早期，经启蒙老师拨云见日，它们所折射的一缕阳光，已早早照进了他的心窝。

在果育学校，有一老师也令先生终生难忘，他就是倩朔师的仲弟——紫翔师，名华龙。紫翔师在苏州某中学教英文，寒暑假回无锡，在钱穆升入高小三年级前的暑假，紫翔师在自己家开办了一个暑期讲习班，专教果育高级班，讲授中国各体古文，起自《尚书》，下至晚清曾国藩，经史子集，无所不包。一个假期里，共习得各时代佳作约30篇上下。学习《史记》孟子荀卿列传后，同学们被要求都得写读后文，钱穆所作深获紫翔师赞赏，周一又不例外贴于教室墙外，引得众同学围观。围观人群中还有华师三兄弟的三位夫人，小钱穆有如此才情，师母越加怜爱，又是拍肩，又是拉手，又是摸头，忽然间，一个虱子不合时宜地从先生发间跳出。运气幽魂总是会愣不防地捉弄一下人，使“骄傲风光”偶与“尴尬不堪”撞一下腰。按说不该在乎的童年，也会将受尽抚爱的主旋律，连同不谐调音符一起活跃在记忆中。

常有的是“英雄所见”，紫翔师也向钱穆推荐韩愈的文章，但独选一短篇《伯夷颂》。先生后来精读韩文时，特别觉得从这一篇中受益匪浅。文章说，豪杰之士，总是不理会别人的赞誉或批评的，像伯夷这样的人，立身行事独特，是穷尽天地、经历万世也不会回头的人，并且坚定地相信自己的道、清楚地知道自己该做什么。

先生一生坚守在自己确信的道中行走。

未有一面之机缘 获得勤勉精气神

先生13岁进入常州府中学堂，因成绩优异直接上二年级。入学应试那次，监督屠孝宽（字元博）先生前来巡视，钱穆正在上交国文试卷，元博师接过卷子粗略看看，连连点头，怜爱地拍拍他那颗只到自己胸前的大脑门，欣喜地说：“不错不错，这个孩子定能录取！”先生还不知他是谁，元博师却从此记住了钱穆的名字。

一同入校的哥哥钱挚（字声一），上的是师范班，这个班学生大多为中年人，有一个年过50的同学已拥孙为祖父，声一时年只有19岁，因学业优良，又表现得果敢自律，元博师力挺这位最小龄同学来任班长。

一次他特招钱挚去监督室，诘问其各科成绩宜可深造，为何投考师范班。钱挚告诉元博师："家有两个幼弟和老母要赡养，我与穆弟同来入学，给家里增加了不小的负担，师范则可省缴学费，又可早谋职业，以待尽早奉养母亲与扶植幼弟。"元博师听了钱挚的这番话，大为赞许。

生活贫困，又能自立自强，这样的学生，最易激发出教师存于心底的温热良知与责任，元博师将钱家兄弟俩视同己出，关爱有加。不日，便派钱挚去兼任学校理化室助理员一职，不需花太多时间与精力，却可接济一时的窘境。

离毕业还有数月，元博师已早早为钱挚张罗好去常州一高级小学任教。钱声一只可对老师感激在心婉言谢绝，因不愿远离老母在外任职，又有先父遗志在身，要回去致力于乡间教学。虽然又一次"拂"了恩师的好意，但元博师非但不怪罪还连连称赞。

元博师的父亲，屠寄敬山，乃现代史学泰斗，先生幼时便知他名满中外。在元博师那里，兄弟俩获得的全是赞赏与慈爱，所以太老师的名气是一方面，而对恩师本身的感怀与敬重也会转接给他的父亲大人，以至更加厚重。有一天，他与另三位同学进得敬山先生的书斋，尽管只见其物，未见其人，所获精气神却永久定格在先生勤勉向学的追寻志趣上。

老先生书斋四壁全是书册，临窗有一长桌，桌上放了装帧精良的数帙巨著，坐椅前铺开一书，似太师爷正在阅读。钱穆仔细看，是唐代李义山诗集，眉端行间排满红笔小楷的批注，竟一笔也不见马虎，工整隽秀。钱穆意谓，那份精美，那份庄严，前所未见；每页夹缝中还有碎纸批注，点滴文字都能让人心动，书旁五色砚台静静恭候，五色秀笔蘸满情韵，搁置于风骨嶙峋的笔架上，显得意趣盎然。赫赫有名的史学巨匠拥有精深的文学底蕴、勤勉的研习风范，并不会太出乎意料而令人惊奇，但如果还有着那份精细与恭敬，就令人惊奇之后彻底着迷了。

这一幕让先生回去后感怀良久，他有些后悔，当时怎么没有向元博师坚持要求见上敬山老先生一面！这个请求只要他提出来，老师定会满足的。但转眼又想，没有见面机缘未必不是一件好事，可能更让缕缕不绝的精气神永存。顾子重、华紫翔等尊师的生活景象、人文教义，能够亲眼目睹，耳提面命地获得，固然是人生的一种幸运境界，但隐形无声的精气神的感知，则为另一种境界中的收获。

先生能够释怀，应该释怀，因为他已经对那份勤勉有一种超乎寻常的感知感念。

自求己阙，立志不违

1911年春，先生转入南京私立钟英中学五年级，在他这年上半学年的课余，对曾国藩文集感了兴趣。其中一篇《求阙斋记》，是曾国藩为自己书房题名过程中所得的感悟。阙，则是缺。先生也产生强烈共鸣，觉得应该经常自求己阙。首先找到的“阙”是，自己有如袁绍的多疑少断，常常多斟酌，少果决，告诫自己要注意克服，只要认准是对的和必须做的事，一定坚持做到，不违初衷。

钟英中学暑假略早，回无锡的路途上小作停留，与常州府中旧同学会晤畅谈，这比起回家，另有一番惬意。去时先生就做好决定，今日可在校与同学长谈，但不可留宿。畅谈中时光总是过得飞快，不得不一再迟延，晚餐后……又到自修时间过后……直到宿舍熄灯前，一定要动身了。周末多空床，无论同学怎样挽留，先生还是坚持离开，恰逢大风骤雨，但是回程赶路的意念丝毫不动摇。那晚一路泥泞，大风急雨下险象丛生，几番摔倒又爬起，苦头吃尽，但按既定计划行事的决心一旦被实施，又别有一番快慰在心头。此事后，先生觉得，再遇决定不会轻易改变，因为任何困苦，都超不过那个晚上的所见所遇，都阻拦不了他的意志。

先生在中学府上学即有烟瘾（那时学生抽烟是稀松平常事），在家抽水烟，到三兼小学任教，与校长秦仲立交往又抽旱烟。后来到梅村（县立第四高等小学）教课时，遇有一篇课文内容是劝阻抽烟的。钱先生即告抽烟学生："我已染此恶习多年，无法再戒，你们还年幼，应当趁早戒掉。"

下课后，先生终觉这课上得太无聊，只有言传没有身教，教师怎么让学生信服？自己有何理由推诿不戒？以后还有什么尊严教诲学生？于是决心戒烟，这个决断甚至延续到梦中，晚上睡觉进入梦乡，见几位男生当着他面腾云驾雾比赛着谁吐的烟圈大……第二日他便戒掉了烟，以后35年内竟没抽过一支烟（直到1947年任职江南大学文学院院长，因常出席会议才又抽上烟）。对于一个有持久烟瘾的人，坚持数十年不再碰烟，实不容易，这便是"求阙克阙"的又一次坚持。

先生年少时体质极差，自辛亥年16岁起，每年的秋季都要发次大病，伤寒肺气肿轮番袭身。一天读一书，上有论述，人生不寿乃一大罪恶，当努力克服自身日常的不健康因素。"不高寿乃耻辱"，这让先生很是震惊，那一阵他正醉读于陆游晚年那些豪情万丈的诗作，是啊，不注意健身练体，怎么让创作的生命始终充满活力与激情？又是一次"求阙克阙"的坚持，自此生活饮食力求有规律，每日坚持静坐、野外散步，再也没有放弃。

古人有刚日诵经、柔日读史之说，先生18岁在小学任教时，也效仿坚持晨起读经史书，夜晚读史籍，上下午有闲暇时读闲杂书，并每日记日记，把所读书都记于日记上，竟一日未曾有过间断。

一天先生结婚，远近属戚皆来庆贺，家里陆续来了许多客人，自然要接待寒暄，新郎官却为人声嘈杂未获读一字而暗自懊恼，午后倒有个难得安静的机会，理发师来为他理发，机不可失，选个无人打扰的僻静处只顾埋头理发，默默不语，理发完已在心里成诗两首，当日日记可算能“交卷”了。

一日不辍地记日记，持续有17年。直到1930年后进大学任教，因事务繁忙，才稍有停歇，但仍然时断时续，始终没有过大段的停顿。

1913年夏之后的5年里，先生一直奔波于荡口与梅村，因在鸿模学校和县立第四高等小学这两所学校兼职任教。直到1918年夏，七房桥遭火灾，屋舍俱毁，举家迁至荡口镇，他便辞去了梅村县四高小的职任，专在荡口鸿模任教，以便朝夕侍奉患胃病的母亲。

母亲的病痛，又一次对先生敲响警钟，强身健体绝非一己之事，它关及亲友、家庭、学业、事业……这年他刻意练习静坐，每天下午四点课后，必在寝室静坐。鸿模学校有一支军乐队，也在那个时候必从操场上传来乐曲教练的声音，国歌《中华独立宇宙间》在反复演习。

以前中学堂习昆曲时，先生对这一曲尤其稔熟，他静坐功夫日深，一入座即能无念，曲子虽熟，仍可听而不闻，不动一念，心静之状不受一丝干扰。但只要曲子每到节拍有错处，先生就要动念，过了这个地方，内心又恢复平静，一遍又一遍曲子过来，屡试不爽。

先生由此结论，人生的最大学问是如何虚心，虚心即能平静，如果心中自恃有一长处，则不能虚心静心，那么这一长处正是人的短处。我们苦学读书，总望日求上进，如果时常驻足抚弄自己的长处，岂不是日增短处，何谈上进啊。这也是先生对己“求阙补阙”的又一处。

循着大师的意志和领悟，我们又可以得到多少仁智自见的启示呢？

初涉世事，获交灵魂修缮师

先生所撰的《师友杂忆》，由感情厚浅影响着其中各人物的篇幅，而不是取决于他们的地位、名气，这就让我们有幸领略活跃在无锡乡间早期老师的精神风骨，他们在先生的心路历程中，有的成为开阔路径的铺路石，有的成为指明行程的航标、指南针。三兼小学秦仲立校长便是他路途中的一盏明灯。

“回念余自1912年出任乡村教师，得交秦仲立，乃如余之严兄……获益甚深甚大，至今追思，百感交集，不能已。”秦仲立校长有钱穆陪读伴教，日久也分外欣喜：妹夫介绍你来时，就说是给我介绍一个“共学之人”，“君真一善读之人”！从年龄看，钱穆十八，秦校长四十多了，他俩俨若学哥学弟，共通之处有不少，都喜读《曾文正公家训》，钱穆爱读严复的译文，也因秦校长推荐，读遍严文后先生感叹：“然终以此两书（《群学肄言》和《名学》）受感最深，得益匪浅，则亦仲立之功也。”

读《群学肄言》，是他俩“共学”的第一本书，钱穆先把书中生僻词从词典上查好词义后，用小纸条抄下，贴在书页中，然后再把书中大意告诉校长，以节省他读书的时间。钱穆读毕去复命，秦校长当面考查。在问答中先生发现原来此书校长早已读过，并且词典也先已查过，“然仲立自此益亲余而加敬，屡赞余善读书，能见人所未见。盖仲立听余对此书叙述大意及读后意见，乃特加欣赏也。”

“共学”以后，双方感情日益增进，秦校长在自己书房里让钱穆看他家里存的40本大厚集子，说是先父的日记本，每年一册，无一日有缺。“先人遗志，尽在此四十厚册中。”遗志给予后人的是无形财产，当比物质财产更有价值得多，先生从他凝重的神情中感受到了分量。

仲立自述一生中有三大志愿，其父秦老先生的遗志精神也融合其中，令先生不吝笔墨细而分述，这里面有赞赏，有敬佩，有感动……

这三大志愿一是创办一学校，二是办好一乡村诊所、免费给农民治病，三是办一报馆。前两个志愿已实现，还在办三兼小学前，秦校长就于上海学过医，在家乡办了诊所，自己为乡民治病送药，把家里的管家也培养成半个郎中，直到来无锡办学校时，诊疗所的事务就由管家代理了。

但报馆还没来得及办，在秦校长看来，报纸与学校一样，是灵魂的修缮师，马虎不得，不能交由他人来代管。因精力有限，两者也不能同时实施，只能在自己生命过程中，分段接力完成。他平日极留心时事，每天读地方报，在他读过的报上，常会用朱笔批下评语：“狗屁不通”、“岂有此理”，还画上一大叉，也有画圈表示赞赏的。他说：“贤奸不论，是非不辨，何以为人，何以做事，如此社会，岂不将沦丧以尽。”他知道，办报不容易，待一些时日学校有了接班人之后，定要把报纸办成，以一吐胸中之积闷。

不料，就在那年暑假后，秦校长忽然得了肺病，为避免传染，搬于家中顶楼居住，并不准亲密教伴钱穆上楼探视。到年假放学，钱穆离开三兼，去告辞，秦校长也没准他上楼。不久，秦校长竟不治而亡。先生回忆说："余以十八岁幼龄，初涉世事，即获交仲立其人。实相处仅半载，而又竟未获最后一面，亦未克亲往吊唁。至今六十年，两世矣。每一念及，怆伤依然。"

春蚕到死丝方尽，蜡炬成灰泪始干……与先生早期的教途一路相伴，无锡乡间有很多像秦仲立那样的老师，默默点燃自己后长久照亮别人!

师生识贤向学的衣钵传承

先生在常州中学堂，除元博师外，还有一位毕生难忘的老师，他就是吕思勉。吕思勉，字诚之，常州人，曾师从于敬山太老师门下，先生对他的敬重自有一脉因缘在里头。诚之师任历史、地理两课，这两课目也是先生最喜欢上的。他在学校又是最年轻的老师，仅年长于先生12岁。师生的投缘便有了几许"先天性"的因由。

不修边幅，口才绝佳，常有"鸿议创论"——这是钱穆常投去欣赏目光的诚之师。投缘，就是某种意气品味的惺惺相惜，某种才情风骨的会心互赏。不拘一格的才艺特质、不按常规出牌的行事风格，投缘双方自会心领神会，激赏互增。

诚之师的山水自然地理，可以上得驰骋纵横如临其境，引同学在妙趣缤纷中制表画图，山脉水域一目了然，教起来看似信马由缰，学起来却是难以忘怀。因着这样率性的教学风格，一次考试，钱穆的才艺也来一次不拘一格的发挥。试卷有四题，每题各得25分为满分，钱穆答题时，对一题有关吉林省长白山地势军情，尤有发挥，以至收也收不住，待写完，其他三题已没有时间作答，不得不交卷。一题发挥得再好，按常理也只有25分，可他的这次地理成绩得了75分，足见老师的教学有多么的不拘章法。

这类考试卷子一般不发回给学生，老师只需批分，也不用加批语，那日批卷时，有几个同学在窗外“观摩”，诚之师一门心思阅卷，竟浑然不觉窗外的调皮学生。同学看到老师正在批钱穆的卷子，见他阅毕即在卷后加批语，竟是一张又一张收不住地写，一会儿铅笔写秃了，为省事，只用小刀将铅笔劈开成两半，抽出铅条再写，写了一会铅条写不出颜色了，就在桌上的茶杯中蘸蘸水接着写，这会儿写的纸遇湿而破，又见他用手拍纸，服帖后，再接着写，不知写了多少页，这情景让几位同学看呆了，哪有这么痴傻的老师！回来后与钱同学一阵笑谈。

后来先生离校工作，吕思勉也已成名，写出了《白话本国史》，这是我国第一部用白话文写成的中国通史。两人长函往返有十多次，大多为今古经学问题进行热烈讨论，诚之师在信中谦称，钱穆可比朱子，自己则如象山，还称师生“尽可有此异同”。这不仅仅是钱先生认为的“自谦和对学生的过度器重”，陶行知有句话：“教育的最大成功是师生合作创造出值得彼此崇拜之活人。”看得出，吕思勉先生很欣慰于这样的成功。

罗素成名后说了一句话：“我深受维特根斯坦早期思想的影响。”一个大思想家能这样坦诚地讲出自己是受学生思想的影响，被人们以大智慧和大胸怀所称道。吕思勉与学生钱穆，以朱陆相比，也有着大思想家的智慧与胸怀，有着识贤向学的广博境界。

师生的衣钵传承，终会形成特有的气场，胸怀境界就在这种气场里扩展延伸。十多年后，先生在许多场合都毫不讳言地坦陈，他的成名作《先秦诸子系年》，以及《更改〈史记〉六国年表》等作品，最先均受到夏先生《教科书》的影响。夏曾佑在戊戌变法失败的打击下，以进化论学说的积极态度观察世界潮流，研究历史学术，在1902年写出了被称为有“三个崭新”的历史学著作，崭新的内容、体例、观点的《最新中学中国历史教科书》，后改为《中国古代史》。先生认为此书惟一遗憾的是，仅至南北朝便止，隋唐以下阙如。尽管这样，他在北平教学生治史，每回都要举夏氏书来说。抗战时，重庆国立编译馆拟重印夏氏书以推广为教科书，让先生审正，当时他在齐鲁大学国学研究所任教，接下任务，便又细细研读了这本书。既要推广，应把所有谬误小节给剔除，于是先生仔细列出了170余条需纠正的蛛丝小迹。可编译馆见校正繁多，改变了重印的初衷。先生深为懊恼：此书实瑕不掩瑜，却因我锦上添花的意图，无形中放大了不该放大的细枝末节，而错失了让它广泛传播的机会，可叹可憾！

知识分子的此类无奈，在中国很常见，学识间幸有识贤之士的惺惺相惜，尚能弥补些落寞与缺憾。

重见诚之师，已是30年后的1940年，先生的《国史大纲》完稿后的一天。商务印书馆将此样付印前，交时任光华大学教授的吕思勉先生校对，他欣然应允。这之后师生有了一次会面，诚之师盛情赞扬此书中论南北经济的一个章节，特别说到：“魏晋时期土地管理的屯田制度，到唐代之后的‘租庸调’制度，其间的许多演变，古今各类治史者，无一人详细道出其中的所以然，诚为千载只眼啊！”来自尊师的赏识，其鼓励的力量是超常而强盛的，可以穿越久远的时空给人温热。

抗战胜利后，先生从后方重返苏州，1947年于无锡江南大学任职，这段时间常赴常州谒访诚之师。见到40年前的学生，老师有种冲动，要与钱穆去看看他们师生情谊最初萌芽的地方，常州府中学堂，现已改为常州第五中学，虽然校中建筑全变了样，但以前的一些踪迹依稀可寻，触摸旧事旧物，总会有许多感怀，何况时间跨度已有40年，人生又有几个40年呢！虽觉时间的无情，但足感欣慰的是，40年前的一对情投意合的师生，今天仍然情义交融结伴而行。有许多感慨，有许多赠言，临时邀集在校学生100余人，集于操场，诚之师要求已有35年教龄的钱穆，来一次即兴演讲。

先生深情表达：我要告诉诸位学生，这个学校40年前的一个老师长，带领40年前的一个老学生，命其在此演讲。可谓物非人是，因为40年后的这对老师生，就在你们面前，情谊如昨。百年树人，指的就是那种育人精神的延续，崇高理想的承继。我今天的讲辞，只是说出了老师40年前教诲的一小部分，还望40年后的新学生记取，更渴望在旁的40年老师长指正教诲。

与有价值的人交流

> “学习就是日常生活的常态，学习就是交流，与活着的、死去的人，与有价值的人进行着交流。”
>
> ——钱穆语

先生儿时的入校读书总共只有6年，他的全部才学来自于发愤自学，可以说，阅读陪伴了他的一生，除写作、教学之外，便是

“与有价值的人进行着交流”。

因爱书，受到书肆主人特别照顾

先生在常州府中学堂上三年级时，一个星期六下午上唱歌课，所有年级同学都集于一个教室，一个挨一个坐长凳上，挨着他坐的是一位高年级同学，随手搁两人身体间的一本书引起了钱同学的注意，他拿起一翻，就再也丢不下了，躲进另一间教室看将起来。趁书的主人还在戏耍，待想起找书的时候，钱穆已把书翻了个大概。那晚先生竟翻来覆去难以入睡，第二天起了个大早，等不及吃早饭就出了校门，来到一家书店门口，店员正将封门的长木板在一块块拆卸，钱穆个小，从板缝中一挤身就窜了进去，见到书店主人，急问有没有《曾文正公家训》。此书正是昨天唱歌课同学带的那本。

店主人告说有，钱穆忙问价付款，取了书转身要走，店主人如逢知己友善写满脸上，抚揽钱穆臂膀，不让他马上离开：“你从哪里来？”

“府中学堂。”

“这么早！一定还没吃早饭？留我这儿一起吃吧，可以聊一会。”

先生平日总爱往书店跑，喜欢书的人，自然也会对与书有密缘的书店主人，易产生亲热与好感，他没犹豫，便留下来一起用餐，只听店主人不停地夸赞：“年纪这么小，就知道读曾国藩家训了，这对我售书人来说，真是件大好事啊！”他叮嘱钱穆：“以后可常来，店中书随你翻阅，也可拿回学校读，读完再还来，只要不将书破损就行。”

一次钱穆一踏进书店，店主人兴奋地拿出一书，为小字石印版本，20册的史籍汇编，“你一定喜欢这书！”店家存有顾客的最爱，就是店主最大的成就。钱穆果然爱不释手，但一时付不出现款，店主人连忙说，快放假了先拿了去，假期里只管读，等假期结束后，再决定买下还是退回。

售书利润变得不重要了，知音难遇，有人爱自己的书，这也是售书人求之不得的精神利润。

“摆一书摊，可不愁生活”

“北平如一书海，游其中，诚亦人生一乐事。”先生在北平教书的时候，阅书购书，如鱼得水。他在《师友杂忆》中说：“前后五年购书逾五万册，当在二十万卷左右。历年薪水所得，节衣缩食，尽耗在此。”先生还跟友人戏说，一旦被学校解聘，只要摆一书摊，这辈子可以不愁生活了。从此话中便可知他的藏书之多。

觅书购书，也会有收获于“灯火阑珊处”的意外惊喜。先生曾在无锡城门洞一个小书摊上购得朱石曾的《竹书纪年存真》一部，仅几毛钱，此书比起王静庵所校本，几无错误，因而价值更高。从书中获益，不忘记录，先生为此特撰一文，收入他的《先秦诸子系年》著作中。明代以下各名家所校刊的《竹书纪年》，都被先生搜罗殆尽，专藏一玻璃书柜中，朋友每来访，常羡慕得不行。傅斯年对先生所藏的“朱版竹书”极感兴趣，借阅归还后，嘱北京各书肆为他留意，结果多年下来，许多人寻遍北京城各个角落，都没有觅得它的踪影。

抗战爆发，先生匆匆离开北平，临时特制二十多个大箱，用来归放藏书，全家启程时，委托宅室主人保管，专辟一屋堆放书箱。不料自抗战胜利后，先生未再去北平。倘若移书南下，大笔运费不说，这么一大堆书极易霉变，晾晒运藏人手都成问题，于是就迟疑下来。等到1947年去江南大学任教，先生想把这些书送学校收藏。可是不待这里去人运书，那个宅主怕获罪，早已急得像热锅上的蚂蚁，到北大找到先生的老友汤用彤，催他赶快想法移书，老友一时也没法子，只得找原来与先生相熟的书商暂时把书取去。书商答应不出售，代为保管，待以后先生到了北平，只要出百石米价作为保管费，可把书全部“赎”回。也只能这样了。

后来先生到了香港，相距8年光景，竟与他其中的一本藏书《资治通鉴》不期而遇。它不是一部普通藏书，恰巧是其兄钱挚的生前阅读本，书中多处留有先兄手迹，先生那年去北平时，从苏州家中特意带去了这部。老友沈燕谋为新亚研究所购备藏书，大量的书籍中恰好裹卷了这部不寻常的书。所谓“不幸中的万幸”不过于此了！大量的书失散之后，只剩这部先兄的藏书失而复得，是老天爷恻隐之心在冥冥中的佑护吗？是因为足够量大，流散后出现的高几率邂逅吗？想必两个因素都有。

“与有价值的人进行着交流”，书籍确实带给先生终身的快乐。正因此，它的流失也会造成久远的伤痛。他追忆，1940年在成都齐鲁大学主持国学研究所，有位女弟子名黄少筌，专门治学战国史，在他看来，倘若能与弟子分享他的藏书，也是一大快乐，“等我回北京，定以我所藏的各本《竹书纪年》相赠”，后来想起这句承诺，忍不住伤感，“真如痴人说梦话矣”。

书的失落不归带来的痛楚，记得余秋雨先生有过描述：这些书曾经参加了我的精神构建，失落了它们，我精神领域的一些角落就失去了参证。既有约约绰绰的印象，又空虚飘浮得无可凭依，让人好不烦闷。

中国读书人，应负两大责任，一是自己读《论语》，一是劝人读《论语》

分享阅读的收获与快慰，是先生讲学中不失时机常念叨的一件事。他在给学生以《读书与做人》的演讲中说到："书上可以告诉我们如何去做一个有理想高标准的人，为什么读书便能学得做一个高境界的人呢？因为在书中可碰到很多人，这些人的人生境界高、人生情味深，好做你的榜样……如能在各自业余每天不断读书，持之以恒，那么长则十年二十年，短或三年五年，便能培养出人生情趣，提高人生境界。那即是人生之最大幸福与最高享受了。"

究竟当读哪些书，他也给予了明确的指导。从"修养类"、"欣赏类"、"博闻类"、"新知类"、"消遣类"这五大类书籍如何阅读，会获得哪些人生教益，均分门别类进行阐述。先生的精神感染力只需动用少许的文学功力，便能在演讲中挥洒自如，精准地告诉别人他所要传达的教益。说到修养类书，极大的饥渴感如何从听众中催发，有演说才能的先生极尽鼓动、诱导之能事。

"孟子说：'君子有三乐，而王天下不与存焉。'连做皇帝称王天下都不算乐事，那么，看电影、中马票，又算得什么？但究竟孟子所说的那三件乐事是什么？我们不妨翻读一下《孟子》，把他的话仔细想一想，那实在是有意义的。"委实吊足了众人的胃口，哪个学生听了这番话回去不翻《孟子》，除了特别愚顽的，一般不会有。

“人生的真快乐，我劝诸位能从书本中去找。”先生一生以读书为乐，一路走来他从不忘记，拿出最大最真的人生快乐与人共享。孟子的所谓君子三乐是，一乐家庭平安，二乐心地坦然，三乐教书育人。先生津津乐道于孟子的“三乐”，很早就成为“此三乐”的受益者，至少从他18岁从事教书育人开始。

孙女钱婉约，是在孙儿女一辈中先生最喜欢的一个。她继承了钱氏治学家风，研究文科，自是她受宠的一个原因。人文学科的重要对祖父来讲，犹似他看重“通才”而非“专才”一样，人文可以“行之四海而皆通，置之百世而无疑”。还有一个喜爱孙女的原因是，她喜欢读书，这正是先生一生所看重的。与她的读书探讨，成了先生晚年的极大乐趣。钱婉约1980年考入北京大学中文系，后不久向祖父请教读书问题，先生专门写信给她开出书单：

> 《先秦诸子系年》一书不宜早读，《论语新解》则尽可读，《庄子纂笺》亦宜看，《论语》外，须诵《孟子》、《大学》、《中庸》，以《朱子章句集》为主。《庄子》外，须诵《老子》。四书与老庄外，该读《史记》，须全读不宜选读，遇不易解处，约略读过，遇能解又爱读处，则仍须反复多读，仍盼能背诵……倘读中国通史，最好能看我的《国史大纲》。”
>
> 《论语》一书涵义甚深，该反求诸己，配合当前所处的世界，逐一思考，则更可深得。重要当在自己做人上，即一字一句亦可终身受用无穷。《孔子传》当已见到，不知已细读一过否。圣人所讲道理，不必即能行之当世，但即在孔子当世，闻其教而受益的也就不少了，

如颜渊即其一例。你该问自己如何来学孔子，且莫管孔子之道不能行于当时，此始为切问而近思。

你喜欢文学亦大佳事，最好能先读《诗经》，即先从朱子的注入门，能诵唐宋诗词亦佳。又贵能推广于唐宋韩欧八大家之古文，不必通读全集，能选择自己懂得的又喜爱的诵读，莫急切，只求有入门处。

钱婉约告诉笔者："这些书对当时的她与其说是学问的引领，不如说更是一种传统人文精神的熏陶。"

1978年，香港中文大学新亚书院设立"钱宾四先生学术文化讲座"，先生本人作为第一主讲人，在演讲中列出了一个"中国人所人人必读的书目"，包括七部书，即《论语》、《孟子》、《老子》、《庄子》、《近思录》、《传习录》和《六祖坛经》。

先生对孙子钱松告诫说："读书要像吃饭一样，天天读，'为学'与做人应并重。"

吃饭可是哪天都得吃！为学既是吃饭，也是与有价值的人交流，前者出于心理的饥渴，如同生理的饥渴习惯一样，书中营养和饭食的供应，都无可中断；后者是从精神的满足与提升来说。好比人生的各层次需求，如温饱、精神提升、心理愉悦，人生的需求无可分得清高低层次。集于对心理习惯、精神升华有良好功效的读书活动，总是与有价值的人生久远相伴。

先生在强调"为学"时，从不忽略"与做人应并重"，他说："学问入门有两方面，一是从行为人生之真修实践入，一则自讲究学问道理入。"这里的"行为人生"与"学问道理"，就是指真正学问的两个不可或缺的切入点——"为学"与"做人"。同时阐明了这个理：“做人”是“为学”的实验基地，履行通道；“为学”是“做人”的提炼诠释，引擎布局。“为学”，是为了更好地做事做人，“做人”，可以遴选“为学”的品质。有句话说，每个人都只能看到自己想看到的东西，这里面就隐伏了“为学”与“做人”的碰撞与磨合。

无论怎样，读书可以获得人生的高远境界，提升你“想看到”的眼光，启引你“做人”的通道。人处于高楼华屋，如若没有高境界，仍然收获不到好风景，而住陋室茅舍，只要有高远的人生境界，不妨碍观瞻到辽阔风景。这个高远境界就是来自我们多读好书，与高级灵魂的心灵感应。

共享书的益趣，先生有句经典而痴狂的话：今天的中国读书人，应负两大责任，一是自己读《论语》，一是劝人读《论语》。他发过这样的感慨：“两千余年，人人读之，然岂人人尽得《论语》书中之妙理。高下深浅，自在读者。”

今天若钱穆先生在世的话，不知对当今的所谓国学热——有学者对经典论语热情辅导和诠释，会持什么态度？

毋庸置疑，阅读群的数量呈几何级递增，见到这一情势他一定会欣慰，感喟向大众普及的一些学者功不可没。然而诠释得是否恰当，需不需要统一的诠释，还是让读者在“为学”与“做人”的碰撞中，自己去寻找其中的精妙所在？钱穆先生会倾向哪种意见呢？可能是后者。

今天可以有这样的设想与思考，让《论语》更具温度与热情，一些学者作出提速与催化的努力，钱穆先生见到后可能会发出一声感叹：深为敬佩！但就读者个体来说，钱先生可能会倡导自己去品读原著。

要接受首创而顶级的思想，叔本华说，“就得亲自到原著那肃穆的圣地去找永垂不朽的大师。”当代思想家周国平也提醒：“每一个人只能作为有灵魂的个人，而不是作为无个性的大众，才能走得到经典中去。”

钱穆先生既言“高下深浅，自在读者”，可以推断的是，有思想有灵魂的个体，才能真切享受经典阅读带来的愉悦和美妙。

卷三

礼乐人生

JUN ZI RU QIAN MU

PING ZHUAN

不试，故艺

以乐化人

以乐交友

礼乐心情　内外兼修

◇但凡心灵单纯、丰富、宁静的人常“多习于艺”，而世故、刻板、钻营的人则少有艺术兴趣所逮。观察人世间的事，谁说不是这个理呢！

◇“你们有劝告和帮助同学的责任，以后再群体告发，我不会批评他，而要批评你们。”

◇不但废止体罚，还关注因前期体罚受到同学歧视的学生，发掘他们的特长优势，在同学中重新树立尊严。

◇节制心让我们尊重一切应该敬畏的人事，包括尊长、贤士、达人，和顺心让我们亲和所有的温良，包括亲者、善意、美乐。

◇礼乐可看作是可直观的儒家君子思想，是人最有价值的装饰品。

卷三 礼乐人生

不试，故艺

在常州府中学堂上学时，教国文的童斐（字伯章）老师，是位多才多艺的宜兴人，在课堂内外判若两人，先生对他的印象极深。老师课堂外不苟言笑，课堂内却是极尽诙谐之能事，言语滑稽幽默又富动作表演。一日讲《荆轲刺秦王》，讲到“图穷而匕首见”一语，他即兴就来一段剧情表演，挟一大地图跑到讲台上，展图，逐页翻下，图穷，赫然呈现一小刀，随即取刀远掷，刀竟立于课堂对面一端的墙上，老师又绕讲台快奔，似在追赶秦王，表演引得满堂喝彩。

伯章师不仅会表演，还熟通许多曲艺乐器。学校课余特设游艺班，他游刃有余于各种艺术兴趣的辅导。先生自小在七房桥听惯乐户的昆曲演唱，由丁家班世袭为族中喜庆宴会助兴，这种伴随童年时光的乐音，会注入生命的血液中，再也难舍难分，因而先生对昆曲的喜爱，有着与生俱来的禀赋。特艺选修课程自然就选择了昆曲，从学于伯章师，更是趣乐相伴。笛、笙、箫、唢呐、三弦、二胡、鼓、板等乐器，生、旦、净、丑等角色，伯章师均能一一传授。钱穆演习生角，唱《长生殿》剧中的郭子仪，形态神貌甚是惟妙惟肖，学校公开演出一点不含糊，很像那么回事，引得满堂惊喜。他称自己学昆曲，相较学校中其他正式课程更用心，更乐学。

此外还向伯章学习箫的吹奏，他觉乐音袅袅腾腾别有一境，灵魂会脱离躯壳，远离现实的烦忧，飘浮于云霄田野间，钱穆习得后，每于烦闷忧寂时，爱拿起箫吹上一段，直至晚年尚存此好。箫是古老吹奏乐器中的一种，笔者在台湾的先生故居纪念馆中，看到里面有一个古琴学习班，师生正在习琴弹乐。可见馆长秦照芬与钱夫人胡美琦的用心细微，古琴自与箫乐魂魄相随，有它时常做伴，钱先生一定欢喜。

各种戏曲韵味必定相融通，它们的韵律和着地方特色文化，给人意味不尽的咀嚼。昆曲和评剧，如同姊妹一样，对此先生都无法割爱，爱屋及乌，各处地方戏全成了他的喜好，如河南梆子、苏州滩簧、绍兴戏、凤阳花鼓、大鼓书，来者不拒，听得有滋有味。在大陆时，先生好想以熟稔的中国文学的心情与素养，来为戏剧添抹一份谐和的音律与色彩，曾设想观看百出评剧后著述一书，挖掘中国传统文学蕴涵于戏剧中的深义。后来离开大陆，失去了与评剧深交的机缘，但先生“思及每为怃然”，与启蒙师伯章，与民乐戏曲，有了再也切割不断的情思。

先生尚在常州中学时，兄长钱声一已在七房桥创办了又新小学，入学者皆为七房桥族中子弟，声一任校长，另聘一教师是江阴人，也熟通中国民乐乐器，如箫、笛、笙、琵琶等。先生每次从常州中学堂放假回来，早晚都在兄长的小学里度过，待一放假，他即移住学校，得空就吹箫抚笛，声一擅长笙与琵琶，加上那位教师，便开起了“三人合奏音乐会”，有《梅花三弄》等曲子。声一还会锣鼓，每到年假，召集族中同龄青年十多人合奏练习，大小锣鼓吹弹乐器十多件，节奏合成全由声一现场指挥。演出这一天，七房桥是最热闹的，大小孩童连同大人都来围观捧场。

孔子有句话：吾不试，故艺。意思是，我不大用于世，故能多习于艺。但凡心灵单纯、丰富、宁静的人常“多习于艺”，而世故、刻板、钻营的人则少有艺术兴趣所逮。观察人世间的事，谁说不是这个理呢！（在第四卷《君士之履》中，有关钱穆先生的“不试”将有更多的展陈。）

以乐化人

1919年秋季，先生请命于后宅初级小学任校长，之前在三兼、鸿模、无锡县立第四高等小学，皆任高等小学课程，三兼教课也仅兼任初小的体操唱歌。这次决意转入初级小学，有两个原因。

课程规章如何与学生生活磨合协调、互通互融起来？一直是他着力思考与实践的课题。是年，深受来华演讲的美国教育家杜威博士的思想影响，而对大不同的中国教学体系，更产生了摸索和改进的兴趣。这是一。二是白话文全面提倡，初小课本已改白话文体，白话文对幼童初学到底有何得失利弊？这两念一直系于先生心中，来初小任教，与幼童接触，可做一番从头开始的实验探索。

恰逢后宅初级小学人事变动，泰伯市督学遍请不到人才来任校长一职，先生的自告奋勇令督学许君喜出望外，立即应诺："无条件聘请。"

先生说："你无条件，我可有条件！我如果去，学校行政及课程编排，我当有绝对自由，君可不干预否？"

"一切悉听尊意，勿需多虑。"

这下好了，该校吸引来了《论语文解》的作者来任校长了，好事还没完，原本四次拒绝过督学邀请的安若泰，听说先生要来又改了主意，愿意做钱校长的助手跟随而来。成双签约，乐坏了督学。安若泰原在日本留学，所习法律学业还没结束，归来只做短暂停歇。这一跟随，日本学历不要了，律师也不做了。

道不同不相为谋，另句话就是，道相同谋事顺畅。先生有许多想法都可一一付诸实施，从他到学生中搞调查研究开始。这里录下《锡报·市乡琐闻》1921年9月11日刊载的一则报道：

> 泰伯市后宅第一国民学校校长钱宾四，对于教授，取自动与开发主义。校中设有邮务局，以便儿童实施通信。日前钱君特发通告，命学生答复。其通告云，请你把以下几个问题回答我：（一）你情愿吃得好些还是情愿着（穿）的好些？（二）你在家里怕的人是哪个（没有怕的人就写没有）？（三）你现有物品中最中意哪一件？倘使你现在有钱，你要买一件什么东西？（四）你喜欢和谁人谈话？（五）你要问我什么，也请你写在下面（至多只好问一条）。（六）这一张纸请你在明天邮箱内寄还我（下写学生姓名）。

钱校长有个设想，一切规章课程完全融合在学生生活中，也就是，课程规章与学生生活，互不矛盾，融归一体。首先改变课程安排，如体操唱歌，明是一种娱乐生活，但排定为课程，则学生也以课程视之，不妥当，从现在开始废去此两课，每日上下午必有体操唱歌，全体学生和老师都要参加，成为学校的一项全体活动，有专门老师指导。若泰极表赞同。

先生任职后的第二项措施是，废止体罚。首先得益的是一位名叫杨锡麟的学生。一次课余时先生像往常一样巡查，他要求课毕学生都要去操场活动，不得逗留在课堂中，但见有一学生孤坐在教室课椅上。校长问何故、叫什么名，他都不语不答。叫来班长才知，因犯校规，前任校长规定他除上厕所外，其余时间均不得离开教室，罚其静坐思过。

先生即告，前校长早已离去，此命令也就不存在，命班长立即带小杨同学去操场。散去操场没过一会儿，一群学生围拥杨锡麟，来钱校长办公室七嘴八舌告起状。说杨同学居然在操场捕青蛙，还残忍地将它撕成两半……有同学不忘带上青蛙尸体作物证。钱校长看到这种群体告发，自为杨锡麟抱不平，但还是微语诱导：他久坐教室，有一些室外活动的规则不清楚，自可原谅，你们应当好言相告，而不该大呼小叫。你们有劝告和帮助同学的责任，以后再群体告发，我不会批评他，只会批评你们。

钱校长不但废止体罚，还关注因前期体罚受到同学歧视的学生，发掘他们的特长优势，在同学中重新树立尊严。先生在给学生听写练习中发现，杨锡麟记录默听的东西总是正确无误，料想他听觉一定很好。一天散学，钱先生独留锡麟，让他跟随自己弹奏的琴乐唱歌，音色声调节拍，果然都拿捏得极为精准，钱师又弹，令他再唱，忽然琴声停息，他歌声仍然依照原来的节奏韵律唱下去，没有丝毫差错，钱师大为赞赏。第二天鼓励他在课堂上又如法表演，赢得同学掌声不息。

学校将开游艺会，钱先生向唱歌老师郑重推荐这位人才，让他教唱一首《老渔翁歌》。老师便常留锡麟在校教唱，乍一听歌声已近完美，又见特备蓑衣斗笠，由锡麟披戴演习，煞是引来许多羡慕的目光。演出那天，琴声歌声，悠扬满堂，同学们皆默坐神往，老渔翁一剧演毕，掌声持续最久。从此杨锡麟一副自信满满的状态，和以往表现判若两人。

事隔60年，先生欣慰地从老友邹景衡那里得悉，后宅小学毕业生中，杨锡麟算得上是同镇人中被称道最多的一个。

《乐记》说："惟乐不可以为伪"，肯定了乐是情感的真实而自然的一种流露。歌唱弹琴，不仅是念歌词打拍子弄乐器，或模仿发出乐音，其实在这个操练过程中，美好的旋律可以呼唤出人心底最柔软的情感、道义。古代的文人都喜欢弹奏雅乐，除娱乐之外，他们认为还可以陶冶性情，一个人沉浸在这种音乐里面，心情是非常平和的。儒家觉得，"禽兽知声而不知音"，人的高级性正在于此，《诗经》篇章，被演奏以后，能够愉悦和陶冶身心，人们听到这种乐曲的时候就能获得一种教化，这种教化是深入心田的，这便是以乐化人。

先生将"以乐化人"融化于自己对初小教学的领悟担当之中。

以乐交友

1946年西南联大各校复校后，与先生一起仍留于昆明的有两人，一是清华同事刘文典，另一人是北大中文系教授罗膺中，三人常相约出游。一次停留于昆明湖南边的一个小县城会堂，三人兴致勃勃等看滇戏，因有一位久负盛名的旦角老伶人今晚要上场。滇戏在全国各地方戏中，其唱腔功夫与京戏最为相近，三人都喜欢。他们不仅凑热闹，还是内行人看门道，在座上，对京戏与滇戏的异同得失评论得头头是道，人家演唱已结束，他们仍然津津乐道。接待看戏的主人大感意外，没想到三位教授都深通此道，连连说，知音难寻，等回昆明一定请上老伶工粟成之，来为三教授演唱，他有云南谭鑫培之称。

这么一说，三教授回昆明后一直当件美事期待起来。先生原在昆明看过滇戏一两次，从未见粟成之上场，只听过他的唱片，对其唱功的欣赏常在这两位同道前提及。名角自然不会轻易上场，但粟成之听说昆明有三位懂行的戏迷要来听戏，也来了劲头，盼望着约定的周六晚快快到来。想必俞伯牙和钟子期等待第二年相会的心情，不过如此了。

台上台下的知音互动，让滇戏在昆明一角的周六晚上如火如荼。从这天后，成了共同的约定和习惯，粟成之老先生每逢周末必会登台演出，先生三人也必然前往台下捧场。粟成之出场总选择唱辞少、工架多的戏来演，一步一坐一颦一叹，莫不具有深厚功夫，妙得神情，绝非言语笔墨所能形容。说到与粟成之的滇戏结下的不解之缘，先生感慨：“每逢他一次登台，我必得一次领悟。”他还用了两个“莫大”，“赴滇一莫大之收获……生平一番莫大之欣悦也。”

几年后先生在香港遇到滇人缪云台，闲谈说起粟成之和自己的钟爱，缪云台则欣喜有加，与先生格外亲近起来。“粟成之可是我的老师啊，我跟从他学戏有一年多！钱先生您也喜欢成之的滇戏，真是太好了！我来给你演上一段，看看有成之的韵味没有！”缪云台兴致上来了收也收不住，竟来了一段又一段。

1960年先生去美国访问讲学，两人又在纽约重见，会面于缪云台寓所，那晚开怀畅谈，情同老友。这段因缘，全因粟成之和滇戏所缔结。

礼乐心情 内外兼修

有道“礼乐交融”、“礼乐教化”，“礼”与“乐”自古以来是一对孪生姐妹。最早追溯到周代的礼乐制度，“礼”强调的是“别”，常言的“尊尊”；“乐”的作用是“和”，即为“亲亲”。有别有和，是巩固周人内部团结的两股力量。先生认为，礼是宗教的、政治的、伦理的三部分意义的结合体，乐应该是三个结合体的最感性的外化表现。西周的礼乐文化被孔子一生所追求，在孔子和他的弟子这个阶段，礼乐有什么功能、怎么样教化人、怎么样最有效，已经在理论上发挥到极尽善美的地步。汉代儒学家董仲舒言：“人成之以礼乐。”说明有礼乐的人生，才是完整的人生。孔子说：“兴于诗，立于礼，成于乐。”意谓感人易人有诗，卓然自立靠礼，完善人生则在于乐。

后来礼乐的树人育人的精髓慢慢地被边缘化，是因为制度在统治者手里，而把礼乐的形式仅服务于王权了，这不是礼乐本身的错误。

先生将“礼乐”精华融化在他人生的教学全程中，他还以《礼乐人生》为题给新亚学生上了有关礼乐的点睛一课，他认为“礼乐的重要性，主要还在人之内心，在一切群体生活中，感于要用器物和行事来表现礼乐之本原的心情上。”先生将此种心情称为“礼乐心情”。他欣赏于中国儒家最浅显易明的阐释——礼是一种节制心，乐是一种和顺心。可以这样理解，节制心让我们尊重一切应该敬畏的人事，包括尊长、贤士、达人，和顺心让我们亲和所有的温良，包括亲者、善意、美乐。

节制心、和顺心存活于哪里？先生于此提到了“群体生活”，它既是“两心”的容器，也是试金石，他说：“人若没有群体生活，便不能有礼乐生活。”他指出老庄道家的最大缺点就是，轻忽群体生活。道家以“人类群体生活只会导致人心无节制与不和顺”为由，而逃避着群体生活和在群体中的责任。他尖锐地指出，现代一些人无法学老庄躲开群体生活，却想躲藏在群体中，只为谋求个人私利作打算。对这样的人他比作木中之蠹，蠹虫赖此木而生，但不与木同体。有了礼乐的人生，就可防止自己成为不同体的蠹虫。

礼乐，开初仅是一种仪式，假如把这种仪式在人们的内心与行为中固定下来，则可使人与君子不远。清代哲学家王船山说：“知音而不知乐，众庶是也。惟君子为能知乐。”礼乐可看作是直观的儒家君子思想，是人最有价值的装饰品。一个人如何内外兼修，儒家很高明，觉得内心道德的提升比较难，可能是一生的历练过程，但是你在行为上可以先做起来，“外修”相较于“内修”总要容易些。所以他们就制定了一套符合于道德规范的礼乐仪式，拿来教大家，那些仪式化的规范在操作过程中，能够带动起内心的修养。内外兼修的君子之道，竟有如此强的可操作性，怎不感叹先贤的高明！

先生重礼乐之乐，他是礼乐仪式的实践者，也是礼乐深义的受益者，礼乐心情的感悟者。

卷四

君士之履

JUN ZI RU QIAN MU

PING ZHUAN

乐道人之善
乐多贤友
以『乐之』教学
仁智勇相伴，不忧不惑不惧
易事而难悦
修己以敬，心悦诚服
商教巨子家乡联袂
享受生命乐趣

◇孔子曰：益者三乐，乐节礼乐，乐道人之善，乐多贤友，益矣。先生说：对人有益的快乐有三种，喜欢把自己节制于礼乐中，喜欢称道别人善处，喜欢多交贤友，这就有益了。

◇“君士之履，小人之视”，此为孔子之语，意思是君士将君子行为一路传播履行，所到之处，小人也会在一旁观望，而会受到或多或少潜移默化的影响。

◇“君子之德，风，小人之德，草。”也是孔子之语，钱穆先生释义，“在上者之品质如风，在下者之品质如草”。“人之品德可以感化人者必君子”。“风加草上，草必为之仆倒”。因此世风好与坏，其功过在君子，不在小人。

◇人生不是单调的，呆板的，而应是新鲜的，活泼的。

◇《论语》经典告诉我们说，学习有三个不同层次：“知之者不如好之者，好之者不如乐之者。”……在今天的人文没有超越经典的时候，我们只有守望，只有温习。

卷四 君士之履

乐道人之善

香港新亚书院，从1949年秋开始，前后占据了钱穆先生18年的光阴，是他一生为之费心和服务最长久的地方（详见卷六）。

先生在新亚获交了两位挚友，他在悼文中对他们深情回忆，称道不绝。

沈燕谋与苏明璇两位挚友，对新亚的贡献和与先生的情谊——是协同增长的；新亚，是先生倾注自己后半生的全部心血培育而出的生命，而友情是使这条生命注满活力与耐力的能量要素。先生在这18年光阴中与友情的结缘，几乎全凭对新亚书院的贡献指数来确认，因为，惟有新亚的发展，是先生这18年的全部寄情所在。正如先生自己所说："我常常觉得人生只有抱着同样经验的，才是真相知，因此我常说，只有在同一事业中才易成真朋友。"

熟谙透悟先生旨趣

燕谋年长于先生，是前清一位老留学生，专攻化学，回国后与同乡办起实业，积有一些资金。新亚书院初创时他与先生素不相识，新亚每周六晚设一学术讲演会，“燕谋好学，每届必到”，于是和先生相识。新亚设在九龙桂林街仅有四五室的两层小楼里，楼墙破旧，通道逼仄不堪，如有两人同时上下楼必要侧身而过。燕谋每周末要来此汲取精神营养，供养之处如此不堪承载、不忍卒睹，总是一块心病，然而香港历来寸土寸金，他的经济实力无以为助。力所能及帮助先生的机会终于有了，是先生的《庄子纂笺》，在办学之初刚成稿，燕谋坚持由他斥资付印，“书面题署自称门人”，钱先生为此“我心甚不安”。先生在桂林街新亚开《论语》一课，燕谋自然不会错过机会每堂必到，他听课时还带着一本《论语》的美国最新译本，发现译本错处就记下，积下数十条，即去书信告知译者，嘱其纠正。几个月听下来，燕谋发现译本出入太多，无可存读，喟叹钱先生要出一本《论语释本》就好了，可以给国内外治《论语》的人好好做参考。先生结言：“我之《论语新解》，正式成稿于留美期间，即受燕谋之鼓励。”

1954年秋季，新亚得雅礼协款，在嘉林边道租一新校舍。燕谋经济受窘，居住地与新亚所迁的新校舍相距甚近，先生有意邀请他来同事。燕谋说，晚年与钱先生相识是一大幸事，若能与君共事，则是更大的幸事，请先生随意安排，一切名位待遇绝不会计较。先生坦告燕谋，希望由他来组建图书馆，燕谋欣然应诺到任。十多年下来，沈燕谋像只辛勤的蜜蜂，不断向香港九龙各书肆采集高品质书籍，“虽经济窘迫，而新亚图书馆，蔚成奇观，皆燕谋一人力也。”先生感慨。

那时美国耶鲁大学连年会派两人来新亚任教，两年任期完后再换两人。来任教的老师都会对深不可测的中国文化生发兴趣，为助他们灵活地接触和感悟中国文化，每周末学校会举办一个座谈会，由参加者发疑问难，由沈燕谋主持。先生深感这位支持者很称职，知识范围广，见解也正确到位。与会者返美后，分别在自己的圈子里阐扬中国文化的精粹，也可能会一波延及一波，燕谋功量不可低估——手下人的任何努力，总会进入一院之长先生的省察与感佩。

1955年底，新亚获得美国福特基金会捐款，拟建新校舍。在郊外还是市区觅地建造，反复有取舍有权衡的考虑，郊外环境虽好，但教授往返不便，势必还要耗资建造教工宿舍。最后决定在靠近市区的九龙农圃道，由港政府拨地。这样既不用再耗资造宿舍，又不在市中心不至于造价太高。除决定地点先生几去视察选定，“一切建筑事宜，我以全权交燕谋。”校舍初落成，基金会派人来参观，“对新校舍甚激赏”，一切都很符合他们的设想，这种符合甚至有点出乎意料，原先预想的、总会难免的“额外铺张”，竟然分毫没有！参观者惊叹：“全部建筑，图书馆占地最大，此最为值得称道；各办公室占地最小，校长办公室更小，此为称赏二。有学生宿舍，而无教授宿舍，此为称赏三。此等处，皆见新亚办学精神。”先生谦逊地将这一切归功于他的得力助手，他说，“其实此等皆由燕谋擘画，我仅赞同而已。”

沈燕谋必然是心领神会院长的授意，熟谙透悟先生的旨趣，才会把新亚的艰苦办学精神如此完好地在新校舍中呈现出来，旁人不难发现。

先生在写到自己离开新亚迁居台北后，沈燕谋对先生的情谊之深也令人动容。先生每去香港，燕谋必然要把居住旅馆安排妥善，住进后，他不管交通拥堵每日必去看钱先生，屡加劝阻都没用，不肯有一日间断。他长子自美赴港省亲，也必令儿子绕道去台湾，与钱先生认识一面。他要把对钱先生的敬重，融于血缘渗透给最亲近的人。

绝不能少此人，而在外人可感到不觉有此人

先生在新亚获交的第二挚友是苏明璇，在港初识便一见如故，因苏明璇熟稔的蒋梦麟正是和先生有着君子之谊的故交，首次交谈由共同的朋友引入，投缘是自然的事。明璇任职于美国在港的亚洲基金会，其新任主席艾维初次抵港来新亚，便由苏明璇牵线翻译，三人常相聚，先生“道”挚友“之善”毫不吝惜：“艾维于新亚艰困中相助最多，明璇之功为大。”

1953年初夏，美国雅礼基金会决意在香港、台北、菲律宾三处，选择一家医院或学校，作为捐赠对象，特派耶鲁大学历史系主任卢鼎教授三地考察，他首站是香港，到港后因友人推荐，约见的第一人便是钱穆先生。先生八点即去其旅邸，到达时，任翻译的明璇已在那等候。卢鼎把来意说明后，问钱先生是否先申述。先生考虑对方一定带着考察的重点，双方弯弯绕不一定能绕到要点上，便谦恭地说：

“您有问题只管提，我可一一详答。”

没想到钱先生这么懂得他的心思，卢鼎面露喜色，从衣袋中掏出两张纸，所有问题正如先生所料，早就罗列好，共有三十多条，

卢鼎直奔主题，简明扼要，逐条发问。

先生很配合，答语干净利落，明璇翻译也很见功夫，先生这样写到：“传译中肯，不漏不冗，一一如我意之所欲言。”

过了10天，卢鼎又约先生会面，告知已去过台北，不再打算去菲律宾，决定以新亚为惟一资助对象，可以讨论具体交接事宜了。这中间来回有不少曲折过程，先生谓明璇居中有“传译之功”，“绝非仅止于口舌之能事”。明璇以聪慧灵巧与先生默契会意，由此钱先生对他的感激和欣赏跃然纸上。明璇对新亚来说，虽是一局外人，但要说对新亚事业进展的裨益之功，新亚同人则无人可及。

在先生去美国讲学访问期间，校长室秘书忽然缺人，明璇正闲居，先生即去信提议明璇来任此职，待先生自欧洲回香港，他已任职半年之多，两人在校隔室而居。明璇去钱先生处报告任职半年的经过，俨然只是秘书跟院长汇报工作，仅此而已，好似忘掉他往年与钱院长的公私之交。此后每日与院长除在学校办公相见外，明璇绝不来院长寓所，反倒钱院长常去明璇家喝茶吃饭，在这种机会里，明璇绝不谈及学校的事，在学校会议上明璇也从不谈论自己职务外的事。先生对他的谨言善意心知肚明，属下的谦恭自律、善解人意，让他字里行间涌动着来自心底的感动，“我揣明璇意，从不对以前新亚发展自居功，但既与新亚及我早有关系，其来校任职，亦当于我处境有所谅解，故更不愿轻率有主张。其拘谨处，正其深识大体处……”

1962年前后，香港政府有意于香港大学外另立一所大学，择定崇基、联合与新亚三校为基本学院。创办新大学，香港政府最为期待的便是新亚能够加入。先生时已67岁高龄，如力求一校独自发展自感“无此力量与信心”，从毕业生就业机会和教师待遇几方面考虑，将新亚顺势入此大学是明智之举也是惟一选择。这个契机也给先生原有的辞职决心又添了把柴火。他一边在做辞职努力的同时，一边也做着交接。他为校名提议“香港中文大学”，教育司筹划人员觉得比起九龙大学、钟山大学各名都更为合适，谈及校长人选，先生只主张由中国人担任，至于具体人选他说我不发表意见，把更多的选择机会留给教育当事者。先生在各种场合中从不会摆出老资格，其实他布施一下权威，提出他的推荐，别人不会不尊重他的意见，但他不愿这样做，他习惯在自己把握的分寸下，不失人也不失言。

中文大学成立前后，先生与香港政府尤其是教育司方面有所交涉，他必邀明璇任传译，其后中文大学成立开董事会，明璇也必定陪同出席，外国人来访，更是明璇繁忙于钱先生身边的时候。这些重大的访事要务，他参与后的机要秘闻，绝不会向外透露半点风声。先生感言：“明璇在新亚，在我是感到绝不能少此人，而在外人可感到不觉有此人”。明璇的内敛之处在于，善尽职务，又让别人不觉此职务与此人之重要。

《易经》说，君子以厚德载物，厚德正是由自甘居后的“后德”而来，“载物”，与老子意义上的“上善之水”相吻合，就是“善利万物而不争”。明璇君子以后德善利学校人事而不争。

明璇在新亚初闻先生辞职时，“微露不赞成之意”，但后来深知钱先生“辞意已坚，即不再发表意见”。当先生正在辞职进行中，他与钱先生又往来频繁，“似又恢复了两人以前私交时之情谊”，钱先生把辞职的内外因缘告诉明璇，明璇也把超出职务以外的所知告诉钱先生，尽管住地相距已远，他却常会跑到钱先生的寓所，或是两人相约在半岛酒店楼下，“作半日茶烟之相晤”。

孔子对仁者君子有过定义，能行五事于天下——恭敬，宽大，守信，应事敏捷，恩惠于人。也许君子对君子的仁，最易有感怀与触动。“获交燕谋明璇两友，知我深，待我厚，不仅助我事业，尤其对我性情多有慰藉。”这是先生对新亚两位挚友发出的肺腑感佩之言。

隆重推出儒家活的人格

1959年9月16日，先生的开学致词和往年一样，也同平时召集师生会议相似，事无巨细，包罗万象，他总能发现、感受很多问题和思考，哪怕报告一个新变动，布置一项新任务，介绍一位新老师，他会把为学与做人贯通于他的讲话中。

这一天因为学校该年度在行政设立上，除原有教务，又加了训导、总务两处，总务长请雅礼协会（为新亚提供经济协助的美国教会组织）代表萧约先生担任，训导长聘请新亚教授程兆熊先生担任，请这两位分任总务、训导，钱穆院长有他的设想，也是由大道所引领。按说萧约是学校的客人，而且他事务相当繁忙，如何还会分配给他这样一个职务，钱院长在会上与师生分享了学校的一个理想。

中国青年因受西方自由主义思想片面鼓噪的影响，把不属自由范围的事情，也当作特权、自由而无视规则来争取，实际上西方人奉公守法的精神较东方人强，先生已认识到这一点，“关于社会、团体、公众的事情，西方人治理似较东方人好一点……萧约先生是一位文学家，请一个文学家来管事务，恐是违其所好，然而我想这也许是期望中西文化交流之一个具体事例。”先生请来自美国的萧约做总务，他是有十分的把握的。他将北京的两所大学做比较：

“以前我在北大、燕大教书时，北大用钱就比燕大浪费。北大工友多，燕大工友少，然而燕大院舍反较整洁。”

对于公共空间意识的薄弱，先生又一针见血：“中国人本有节俭的美德，可是对待公物就无此习惯了。”他提出愿望：“我十分希望诸位同学要奉公守法，对公众经济要严肃认真。”

先生请出萧约，很希望通过他西方式的有序管理，来对国人散漫式的公众理念和习惯有所约束纠正。

先生对任训导长的程兆熊不吝赞词，他认为程先生对于中国文化思想道德各方面，都有甚高的领悟与修养，他著书很多，尤其对于《论语》和禅宗的研究极为深湛。如果说这些肯定仅是确认他在文本领域给予学生的泽被，那么钱院长说他“能将儒家的活的人格来示教”，则是对他教师师道的全方位确认了。

程兆熊与国民政府行政院长陈诚关系密切友好，他返台探友时，陈诚热情邀请他作客，希望他留台工作。但程兆熊顾及新亚正艰难，此时逃走去享清福不是他的做人原则，留下与钱院长等人同饮甘苦才可心安理得。他回港继续任课，学校没有住处，举家住郊区沙田，为了省下交通费，每日往返十数里全靠步行，而且从不误课。先生深情地说：“程先生能克服处境之艰苦，而其内心则极平和，在艰困中更不忘著述……我希望诸位同学与程先生多接近，对人格修养上必有大益处。”

乐多贤友

笔者曾读到这样一段描述：“女友青这段时间正忙于进行她的

第四次离婚，说到自己的婚姻，女友似乎并没有反省自己的意思，她反复给我们说的一句话是：运气不好，每次都遇人不淑。之后是一个苦笑。”

可能大多数人与上文作者会有同样的不解，屡屡遇人不淑仅仅是机遇问题吗？遇人“淑”与“不淑”，与其本人的知人、识人、待人事况无关吗？

置身于这个世界，会遇到各色各样的人，任何人在别人眼里，也是色样各异的人。无缘，擦肩而过，有缘，会有所停留，以至厮守。人们相互间的欣赏、吸引，抑或磨砺、牴牾，有着许多密码。有一个密码可以揭秘，以“君子”还是“小人”的心态视角感知对方，相互间则可有不同方式的密授、渗透，发生不同势头的物理蜕变、化学反应。前者授以的是欣赏的目光、中肯的提醒、激励的方式，后者不言而喻，挑剔、含糊、积怨。两者给予相遇之人的一种外作用力不同，走向就大相径庭了。

与钱基博先生的情缘

写于83岁的《师友杂忆》中，先生有这样一段记载：“我在中学任教，集美、无锡、苏州三处，积八年之久，同事逾百人，最敬事者，首推子泉。生平相交，治学之勤，待人之厚，亦首推子泉。”

1922年秋，先生离开无锡县立小学，南下任厦门集美学校国文老师；一年后回无锡，到江苏省立第三师范学校任国文教师，长达4年；1927年秋转至苏州省立中学任教国文3年。正是在这前后8年的中学任教中，他最敬事者，印象深厚者，则是钱基博（字子泉）

先生无疑。

先生转入无锡三师任教后不久，钱基博先生实已去了上海圣约翰及光华大学任教，只因无锡三师的四年级还没毕业，仍得兼课，他每周上海、无锡要往返两次，直至他所任这一届的学生毕业。这么算来，先生与子泉会面的时间并不多，总时长不过一年，每一周里也不是所有工作日都能见面。

同事走得远近，自是一种缘分，有的即使整日相守在一个办公室也会形同陌人，只因志趣情思无从交融。所谓道不同不相为谋，存于“大道”分支中的“道”与“谋”，也有着“类群”之分野，同类相聚，异类相斥，这不奇怪。细枝下的感召与吸引，自是趣味思想的多重融洽。

子泉返锡，每课毕，先生“常至其室长谈”，在上小学的钱锺书放学后也常来找父亲，他的聪慧已表现出超乎常人，子泉喜欢将儿子的卷子示以先生……在一室，少不了睿智的碰撞，知性的温润，思辨的点拨。年幼的儿子来父亲学校相约一同回家，投缘的同事于办公室叙谈，在当时看来都是稀松平常的事，于是“平常”不经意地组接了“奇特”，几近同一时代著名的三大史学专家、教育家、文学大家，在浩繁的历史时空中，就在一个节点中密集相会，不能不令后人在回望这一个节点时惊叹、感念。

抗战胜利后的一年暑假，先生去常熟出席一个讲学会，适逢子泉、锺书父子同往，三人同住一旅馆，得朝夕相聚，很是难得的机会，促膝长谈多是在钱穆与钱基博之间，钱锺书的情趣思绪这时已有游离。

先生感叹：“国共思想斗争激烈，学校风波仍将迭起，我决意不再在北平、天津、南京、上海这四处战火易燃的地方任教，还是避开到僻静的地方去为好，可一心一意搞教学！”

子泉听闻此言，即转向儿子：“锺书听到没有？宾四叔的话你也要记住啊！”

父亲再怎样借师发威，敲山震虎，也奈何不了锺书任教上海的决心，父子两人对时局意态不同，使锺书说什么也不愿随父亲回湖北教书了。

先生夹在他们父子中间，从不会呈一边倒趋势，他所说的话也会被锺书利用，断章取义又恰到好处地拿来反讽“助攻”其父。“宾四叔说的……话你怎么不听呢？”每到这时候，先生只可无奈地笑侃了。

这里要说明一下，江浙钱氏同以五代吴越王钱镠为始祖，他们共同的宗祠在无锡惠山，钱穆与钱基博两家族同宗不同支，前者属钱镠六世孙钱进的“湖头支”下，后者父子属钱镠11世孙钱迪的“堠头支”下。有宗谱的家族代代下来，辈分已难弄清楚，互相的称呼也只能依年龄来定，年长的称叔称公，年少的称侄称孙。因而在这三位钱氏中，常出现在旁人听来极其混乱的辈分称谓：钱穆叫钱基博为叔，其儿锺书称钱先生又为宾四叔。

举贤不避学说之争

一时轰动学术界的先生力作《刘向歆父子年谱》，1930年6月刊于顾颉刚（字铭坚）主编的《燕京学报》上而一举成名，并引来广泛关注。此前顾颉刚不仅在国内因《古史辨》而闻名，还受到日本学者，特别是东京、京都、帝大等名牌大学教授的极力推崇。但顾颉刚自己推崇的人是名不见经传的中学教师，学历仅高中肄业的钱穆。

1929年秋于苏州两人初识，先生的《先秦诸子系年》初稿，让顾颉刚眼睛一亮，离开时留下话，钱先生宜去大学讲坛教授历史学，并将一纸推荐信发到他刚离开的广东中山大学。中山大学自然求之不得，来自顾先生的推荐就尤为看重了。顾颉刚去燕京大学，仍将继续讲授他于中山大学的中心论点——康有为的“今文经学”，并兼任《燕京学报》的编辑委员会主任。离开苏州时，他不忘叮嘱先生，得空定要为学报撰稿。

当顾颉刚获钱穆函告，未赴中山大学之聘，他原先的第二约索稿，便紧锣密鼓向钱先生催促起来。先生早年在后宅时，读过康有为的《新学伪经考》，一直芥蒂在心，早就想一吐为快，《刘向歆父子年谱》就在这种机会下出炉了，无疑与康有为为首的“疑古派”构成针尖麦芒的对峙——对他力倡的刘向、刘歆伪造《左传》、《周官》以助王莽篡汉之说，进行了28处无可取信的批驳。

在先生眼里有着28处疮孔的康氏《新学伪经考》，恰恰是顾颉刚“古史辨伪”的重要理论依据，然而学术的分歧，并没有使他迟疑将先生的《刘向歆父子年谱》刊于《燕京学报》的显要位置，也未因此有所障碍向燕京大学推荐先生上任，一年后又向北京大学举荐。

1931年3月18日，顾颉刚先生正处燕大盛情劝留，北大诚意邀请，在这左右为难之时，他给北大文学院院长胡适去了一封信，信中这样写道：

> 闻孟真（傅斯年——作者注）有意请钱宾四先生入北大，想出先生吹嘘。我已问过宾四，他也愿意。我想，他如到北大，则我即可不来，因为我所能教之功课

他无不能教也，且他为学比我笃实，我们虽方向有些不同，但我尊重他，希望他常对我补偏救弊。故北大如请他，则较请我为好，以我有流弊而他无流弊也。他所作《诸子系年》，已完稿，洋洋三十万言，实近年一大著作，过数日当请他奉览。（引自顾潮《历劫终教志不灰——我的父亲顾颉刚》）

古人的举贤不避亲，自是一种境界，呈现了担当，只怕错过贤士，不怕涉嫌“举贤唯亲”。而像顾颉刚这样，对钱先生举贤不辨源头、不考来历，除担当之外，还要有足够自信的胆识，足够宽阔的境界；举贤又不避学说之争、不避批驳之主，只尊学术思想，抛离个人恩怨，则更是一种博大而鲜见的气量！

先生一到燕京大学，即去谒见颉刚。“其家如市，来谒者不绝……然待人情厚，宾至如归”，刚到人生地不熟的地方，这种温暖的感觉于先生来说非常珍贵。颉刚常留客与家人同餐，其夫人换盏送茶，只要客人需要总会即刻来到面前，客人谈兴正浓无需求时，她又好似不在家中，一点有关她的声息都不存。“讷于言而敏于行”，君子的作风，先生深以为感，他也描述颉刚：“长于文，而拙于口语，下笔千言，汩汩不休，对宾客讷讷如不能吐一词。”

孔子的感言，“刚毅、木讷近于仁”，在这里，与其说佐证了一些仁者，不如说先生的良善与慧眼不期然地会引起共振。

孟森绝不提及争辩之事

孟森，字心史，与先生同年到北大任课。在先生眼里，他“是一位好好先生，心气和易”，专授明清史，讲义写得详密，课堂上话不多。常有学生缺席，遇点名时，来的少数人轮流帮缺席者应“到”。孟森先生解嘲，今天座位上人不多，但点名却都到了。说完并不对此事计较，自顾自又讲起课。学生以此传为笑谈。

那时北平提倡尊孔，有人说，军阀何堪担当尊孔大任？孟森不急不火回应：由众人以为能当得起尊孔大任的人来尊孔，怕也不一定担当得起。

胡适发文说，中国文化只有太监、姨太太、女子裹小脚、麻雀牌、鸦片等劳什子。孟森写文予以驳斥，以假借的文法置对方于荒谬。他会说，一个人到了一个城市，只进妓院，不去其他地方，离开后振振有词说，这个城市只有妓女，没有良家闺秀，此话显然有悖公正。

按说，文章的火药味相当浓烈，平日在一起定会龃龉不少，其实不然。这确是又一番意义的“不失言也不失人”。大家见面，孟森绝不提及此事，先生见他“从不放言高论，甚至不像是一争辩是非的人。在北大同人中，却是别具一格”。

发言权威却不作一语表态

与先生同来北大者，还有位是哲学系的汤用彤，字锡予。一次锡予来访过钱先生，其母亲也来访，与钱先生作了长谈。她告诉钱先生，儿子用彤平日极少交友，喜欢闭门独处，只怕他太孤独寂寞，昨天听他说特来访过钱先生，心生欢喜，想必他乐于与钱先生交往，倘若钱先生肯与他多加往来，实是我一家人的幸事。

大凡性格强势的子女，不会激起母亲那强烈而出于本能的呵护。来自母亲的特别体恤，多半是儿子过于文弱的性格使然，所谓母子连心啊。一边弱了，一边就会激起保护欲望，只要心灵体验丰富者，也会被牵动而感染。先生自此和汤用彤有意无意地走得很近。

因锡予推荐，蒙文通也自开封河南大学来北大，与先生同任教于历史系。文通那天下了火车，即来汤宅，三人在先生刚移往居住的房舍畅谈一整夜。早晨谈兴仍浓，又乘兴赴中央公园进早餐，餐毕又另换一个饮茶处继续叙谈。到中午，再换一处进餐。午餐后，方才散去各自就寝。会谈了一个通宵，再加一个上午，至少有20个小时。先生后来叙及此事时，已不记得所谈内容，只知这是生平最长的一次畅谈。

那年暑期，锡予老友熊十力自杭州来度假，这一来，锡予、文通、十力和先生四人则时时相聚。锡予在南京中大时，曾赴“支那内学院”听欧阳渐（字竟无）的佛学讲课，与十力、文通同时听讲，老友新友因意趣相投，二人走到一起。现四人坐下，有二人从师过同一位佛教先生，话题自然少不了佛教。十力力推“新唯识论”，对欧阳师重视在家佛教、贬斥出家佛教的“唯识抉择谈”有所批驳。文通听后不以为然，每次必加驳难，两人争得难分难解。其实锡予正在哲学系教中国佛教史，更是发言权威，但在先生眼里“俨然一纯儒之典型”的锡予却不作一语表态，在一旁默默静听他俩的争论，先生不得已在中间调停缓冲。争论逐渐从佛学转入宋明理学，两人又争得面红耳赤，到这节点上，先生从中调解变得义不容辞。

汤用彤的孤寂无争，极易成为深广之海洋，可以容纳百川大江。因有了与锡予的密切往来，先生通过他的无意媒介，与陈寅恪、吴宓等友人相识和交往。有句话这么说：如果你将阳光投射给别人，那么会有更多的阳光折射给你。

无论是顾颉刚的谦逊讷言，还是孟森的心气和易，以及汤用彤虽处权威却不争一词的气度，似都应验了老子的那句经典哲理之下所汇聚的一种气场——“夫唯不争，故天下莫能与之争。”

善于观察和发现同人的特点，不妄加否定，欣然地投以注视和赏识的目光，赏识之后才会容易汲取，一己之身也会变得丰富、辽阔起来，一个人的心灵辽阔了，那么他跟这个世界的默契程度就会增大。有位哲人说过类似的话：挑剔怨恨的人常发现披着羊皮的狼，敏思达观的人常发现披着豹皮、虎皮甚至狼皮的羊。当然，身着羊皮的羊更不会在眼前错过。

先生的敏思达观善解人意，让他常遇贤淑。

以“乐之”教学

《论语》经典告诉我们说，学习有三个不同层次：

“知之者不如好之者，好之者不如乐之者。”

1914年暑天，无锡县创办六所高等小学，其中一所就设在梅村镇，名“县立第四高小”。先期只有一年级一个班，学生全部住校，任教于此的先生，与学生同寝室。

一天深夜，月光通亮，将寝室床垣照得如同在白昼下，先生半夜竟被这月光照醒了，感觉自己一条手臂正贴靠床边墙壁。忽然灵念起，“臂”与“壁”都是形声字，属辟声；再看臂在身体的旁侧，壁在房间的四旁。凡是辟声切音的字皆有旁义。这些生词找找有什么规律，运用于上课讲解，学生或许可记得牢些，先生来了精神，没了睡意。又继续做着思维游戏，如避，避开一旁；璧，是玉悬在身旁；嬖，是女侍在旁；譬，是以旁言喻正义；癖，是一种旁疾非正病；躄，是两足不正常，分开两旁，盘散而行；劈，是刀劈物分于两旁。说明辟声也有特定的意义，一连想了十几个例子。

第二天早晨第一堂课便是先生的国文课，他完全脱离课本，即兴讲解昨夜枕上所得。恰巧县里派督学来校视察，督学走进课堂也听得入迷，直到一堂课听完才离去。这堂课与课本内容似关系不大，钱先生尽兴发挥，与学生漫谈自己夜间的所思所得。课后这位督学连连称赞先生不拘一格启迪心智的讲课风格，随后又写了听课心得发布于县署月刊上。这个月刊发行于无锡与南通的小学教育界，很快两地老师皆知道“臂壁旁义”这一课，数年后，一有交流，还会打听是哪一位老师在课上自由发挥启发学生的。

那堂课一定是创了生动讲课、个性教学的先例，才会引来同行如此津津乐道。但假如没有那位慧眼识珠的督学，假如他不知道启发比灌输更能让学生“好之”、“乐之”地学习，也就不会有两城教师热议。不管外环境如何，先生可能会在教育探索中热情不减，但一开初就有这一种有助“好之”、“乐之”教学的外环境，委实令先生大感欣慰。

2500多年前的《论语》经典告诉我们说，学习有三个不同层次：“知之者不如好之者，好之者不如乐之者。”兴许钱穆时代离经典要比较我们近一些，更易亲近经典。其实在历史长河中，百年只是零头，并不会有疏远感，要紧的是，在今天的人文没有超越经典的时候，我们只有守望，只有温习。

作文课上钱先生告诉学生：“出口为言，下笔为文。作文如同说话，口中如何说，笔下就如何写，这就是作文。只要把想说的话如实写出。”按说，作文课，总有学生在课堂上苦思冥想，但先生上的作文课，学生们轻松自如，看不到苦吟状。他会带全班学生走出校门，有时至郊外一古墓，有苍松近百棵。他叫学生各自择一树坐下，静观四周风貌景色，各自写下。再围坐，命诸学生各作陈述。何处有人忽略了，何处有人遗忘了，何处有人有精彩发现，何处有人闻别人未闻、见别人未见，让学生们互相讨论。

七嘴八舌讨论得差不多了，钱老师发话了：“今有一景，大家都没注意，你们听到头上风声没有？仔细听听！”

听了一会儿，钱先生告诉学生，此风因穿松针而过，松针细，又多缝隙，风过其间，其声飒然，与其他地方不同，此谓松风。“试试再下笔，能写出风声的特点吗？”

同学们又分头思考着写起了风声，写好后，再围坐一起朗读讨论，钱老师就各人的高下得失又作点评。

自然实景与简约文字奇妙转换经有半日，已是夕阳西下，同学们带着文学情趣，意味不尽而归。

以后，学生们以作文为一大乐事，时有期待，常问钱先生：“今日是否上作文课啊？”

先生每令作文课生活化，学生所熟悉的生活细节、耳闻目睹的故事信息，均可用自己的表达入文入章，生动感性的情节表述跃然纸上，如自其口出。无论是说还是写，良好的口才文才培养，都基于一点，重视语言每从心中吐出。

仁智勇相伴，不忧不惑不惧

孔子有言：“君子道者有三，仁者不忧，智者不惑，勇者不惧。”

文弱书生的威猛更叫人胆寒

新亚书院初建于香港桂林街，正是最艰难困苦的时候，能够坐下来读书的学生，因为来之不易，饥渴便会伴和珍惜，发奋愈加协同自律。一次先生正在课堂讲课，他习惯于学生投射过来的专注眼神，突然面对的眼神里有游移，有不安，有慌乱，调头看窗外，两个“小阿飞”正在探头探脑，一派轻薄挑衅的模样，两人还左右穿插戏耍，以搅乱秩序为快。

对文雅的恭敬，是因心中存有文雅，而彻身的粗陋，唯独惧怕的是更加粗陋的行为，他们哪里会想到，一个儒雅味十足的书生，会有什么刚性的较量。这时先生把长袍的阔袖捋起，露出两只结实的手臂，一个箭步就抢到两个“阿飞”的面前，摆出一个环揽雀尾的姿势，文弱书生竟会潜藏这样粗犷的能量，这比一眼能看到的威猛更叫人胆寒，他们吓得不轻，没敢回一下头便一溜烟地跑离了教室。

学生唐端正回忆起这段往事，已时隔四十多年，惊讶与敬佩，仍未有减弱。仁者必勇，勇者不惧，来自仁勇的力量，真是无可限量。仁与勇外观的“势能差”所汇成的能量，给人有种出人意料的惊讶。老师留给学生最初而又最强烈的印象，也有着这种外观“势能差”起着作用。其实是内心足够坚定，才会释放如此大的能量。仁与勇，是坚定内心表现于外的同属一个核心价值的两种不同姿势。

外在的力量常常很有限，人最大的力量势头必定来自于坚挺的人格与富贵的内心。1947年就读于江南大学的学生钱慈明，与钱穆先生做过几年师生。印象最深的是，他对学生总是循循善诱，从不命令学生听从他的意见，却在学生中威信极高。从容不迫，不怒自威，这种威，正是由内心喷发而出才有的力量。子曰：其身正，不令而行，其身不正，虽令不从。这里的“身”，其正与不正，是听从内心决断的。

一天，几位学生晚上出外乘车，与公交车售票员发生口角，起因实在太小，无非是这边同学买票给钱动作慢了些，那边售票员烦了催促的声音急了些，这边同学觉得你粗声大气，也冲他嚷嚷几声，那边说要揍你这个小子，纠纷越缠越大，似要爆发一场战争。不少学生闻讯后，列队要上街游行，去公交公司“算总账”，江南大学的训导长上前制止。他一个人的威信力量，比起群情激奋的能量，实有些势单力薄，泄愤狂潮将阻挡的声音很快湮没。

这时先生出现在学生面前，他轻声责问：这场斗殴到底为了什么？你们和公交公司的工人，有实实在在的利害冲突吗？他跟学生分析：“想想为了什么？放下功课，离开课堂，让那么多同学卷进这场莫名其妙的纷争中，无非只为争个声音的高低、态度的好坏，值得吗？你们是受过教育的大学生，对辛苦劳作的工人师傅礼让三分又何妨？”

已经排好队准备出发闹事的学生，听了钱先生的话，一下子队伍呈鸟兽散，一场后果难以预料的冲突，就这样平息了。

仁与勇相伴，绝非偶然，智与勇并存，却非绝对，仁智勇三种人格力量倘若融通起来，将具强大的魅力和能量。孔子有言：“君子道者有三，仁者不忧，智者不惑，勇者不惧。”不忧、不惑、不惧集于一身，非一日之功。俗话说，三岁看大，何况来自少年时的智慧与判断，足以给人掂量——

总想听听士辛师的“高见”

在常州府中学堂上二年级时，来了一位新舍监，名陈士辛，风度气貌与元博师属两个范型，终日不见笑容，讲课干巴巴，思想和言论毫无展陈，平日只有命令而无训诲之语。他教的是修身课，其实这最需要老师自身修行获得的智慧语言、真知灼见，来启发和丰富懵懂的心灵。他声称，修身不用语言传授，让众多学生实在不得要领。

他对自己固执刻板不多言辞的教育套路，还有一句钉钉哲语作为佐证：朴讷不语肯定不是小人，多语擅文必定不是君子。此中意旨引自于孔子的“巧言令色鲜矣仁”，此意是，观色善言者少有仁者。先生十四五岁年纪就觉得，不可这样简单地类推，没有引导谈何教育？教育，最最要警惕的是——失职误导。

学校每晚上自修课两小时，上完才开放寝室，睡前的准备时间很有限，到点即熄灯，再不许学生出声走动。那晚士辛师又同往常一样，手持电筒巡查寝室，钱穆正与同学坐于自己帐内轻声说话，士辛师听到后冲着他俩床位厉声说：“谁想说话到舍监室跟我谈！”

先生总想听听他的“高见”，因为始终没有见他“发挥”，他随口的一声训斥，让先生对他的“话意”本身感了兴趣，立即披衣起身尾随其后，士辛师说者无意，哪知学生真来跟他谈话，开始并没察觉异样，到了楼下办公室，才发现身后站了一位早该进入梦乡酣睡的学生，好是惊讶，他把自己说的话早忘得一干二净，反问他干什么来了。

“我听你训话啊！”

士辛师连声呵斥：“快去睡，快去睡！”

从此后，这位老师把钱穆看作一个特别的学生，年终操行分数只给了25分。

孔子还有句话是，有德者必有言，有言者不必有德。就是说，有深刻言论者不一定有好品德，但有好品德的人必定留有启智催进的语言。就如“仁者一定有勇气，勇者不一定有仁义”一样的道理。老师为人师表，“表”在哪？正是在身传言教中，传道解惑，全需要恰如其分、精言意赅的表达。

一个从事“修身”教育的先生，最不适有刻板、机械、暴戾、怪僻……这些与“教育”初义不相匹配的性情了。先生认为，虽然修身课每周只花一个小时，但是无胜于有便是浪费时间，假如还起着适得其反的误导作用，则不仅浪费时间，还给学生的心灵体验带来扭曲，这样的“失德失言又失人”，则与以育人为本的教师职责彻底背道而驰了。

钱穆成为学生共推代表5人中一员，与校方交涉，建议课程改动，减去修身课，增加希腊文课。因为意见不统一，先生为此事宁可退学，转读钟英中学。

行不改姓，坐不改名

1919年冬季，先生在后宅镇初级小学任校长时，有一晚与同事安若泰、蔡英章聚谈。谈论中心是上海《时事新报》“学灯副刊”主编李石岑，自欧洲留学回国，所写文章均以“哲学”笔名发表，水准在整版文稿中属绝对上乘，见他每发一文，必定比其他文章大出一号字登于显要位置。三人已关注了多期，皆因先生欣赏李石岑言简意远的撰文风格。

有高手可比试，先生来了劲头：“我要给他投寄一文，看看我的文章会否用‘大一号字’登于首幅！”两人连称这个主意妙，怂恿他赶快写了投寄。于是先生用文言文撰写300余字的《爱与欲》哲理文寄去，这是他生平第一次向报纸投稿。文章寄去没过几日，三人果然见到文章以“大一号字”在《学灯》版头条位置刊出，若泰、英章一阵欢庆，又向旁邻右舍大加宣传，催促钱穆继续成文投寄。先生第一次见到自己的手写字变成印刷体，自是劲头大增，再撰关于《古希腊哲学大家与中国道家思想之异同》一文寄去，不数日，又见文章以同样字号登于版首，若泰、英章两人兴奋异常：“《学灯》上刊载‘大一号’文字，除编辑外我们穆兄可是第一人啊！”催写第三文，成了他俩的“督办之任”。

这天《学灯》忽然登一行启事，“钱穆先生请示通讯地址。”两人见此又似服了兴奋剂笑说开来，穆兄从此就是“当代哲人”了，远近闻名之后必有大前途。先生写信填上真实地址：“后宅镇第一小学”，两人一看连声阻挡：“虽说你学问胜人几筹，可是在这件事上怎会如此的不开窍？只待你知名度高了，才可把你‘小学就职’如实相告，如果现在就按这样回复，我们敢打赌，编辑再不会对你的文章感兴趣！”

“行不改姓，坐不改名。我不愿打赌，因为你们的猜测有可能成真，但我更不愿以假象告人。”

“穆兄不是还有‘后宅镇泰伯市立图书馆馆长’一职吗？告以

图书馆地址就行了，让编辑以为你是个老学究，定会敬重三分。”

先生一则不信这个邪，另一则也想试探一下，若告小学就职会有怎样的结果。他将第三篇投稿和小学地址信息一并寄出。果不出两人所料，第三文便以常用字体刊出，且归入“青年论坛”栏目。先生又试第四文。若泰再次发表预言，你的文章至多只能发表，再也不可能以“大一号”文字刊出，信不信？反正我信了。

自又见到第四文以“小字号”再发于“青年论坛”，先生便停止给《学灯》投稿。他知道，所写文章与所任职务，两者的短长高低绝不会是一回事，只要自己心中明白就行，无须去说服他人。但编者认为是一回事就有些麻烦，文章在这种目光审视下，即使发表还是很觉无趣的。

不唱同台戏

镜头再推移到1937年抗战爆发后，西南联大文学院设在衡山圣经学校旧址。一天，两个学生要赴延安，全体学生在一露天广场集会欢送，邀请冯友兰和钱穆两先生参会演讲。冯先生先发言，对赴延安学生倍加称赞。接着钱先生演讲，力劝在校各位学生须安心读书。好似两人唱的不是同台戏。

先生大声说道：“青年是国家栋梁，这话不错，但指的是以后而不是现在，如果学生不努力读书，不求上进，今日学生能成为将来的国家栋梁吗？”

钱先生又缓缓细语：“今日国家困难万状，国民政府已自武汉退出，国家需要能够担任艰巨重任的人才，而人才标准不断在提高。目前在校学生去前线能发挥得了多少作用？况且延安仍是后方，不是前线，两位学生离开学校只为去前线的后方，意义到底有多大？”

散会后，友兰即跟先生直语，劝学生留校安心读书是对的，但不该对赴延安学生加以责备啊！先生问，如果我俩都赞扬学生赴延安，又怎么劝其他学生安心读书呢？读书还是赴延安，目前这两条路摆在面前，只能选择一条，他们自有头脑选择，我们的舆论若一边倒，学生又如何选择？先生坚持己见，两人辩论很激烈，意见终未达成一致。

尽管这样，冯友兰仍把自己未刊出的《新理学》稿拿来叫钱穆先过目和批评，先生欣然接受，对文章真提了不少中肯的意见。

“君子坦荡荡，小人常戚戚”。文人间的直言坦荡，尤显珍贵，这需要不忧不惧的君子之气成为胸中常存的底气。该直言相告的时候，文人最忌讳的是顾虑丛生，思前想后，做起弯弯绕的“文章”，那么再简单的事情都会变得很麻烦。实际上因为忧恐而环顾左右、错失时机表明态度，只会造成更大的忧恐，而什么事简单了就会愈加地简单。

西南联大文学院后来又从昆明移至蒙自，“安营扎寨”后不久，一天，留任重庆的北大校长蒋梦麟来访，北大师生集会欢迎，有学生来钱先生宿舍邀请前往。天已很晚，钱先生婉拒了两次，第三次又听学生来呼，钱先生便跟随去了。一见场面很是热闹，不少教授接连登台发言，陈述了联大的种种不公平案例。这段时间南开校长张伯苓及北大校长蒋梦麟均留任重庆，只有清华校长梅贻琦常驻昆明。一些教授以此认为，所派学院院长、各学系主任都有偏向，如文学院院长常由清华的冯友兰连任，却不轮及北大的极佳人选汤用彤等。还有其他一些职位，都可以让更称职的非清华教授来接替……说到兴头上，许多人提议，各校应分开各自独立为政。先生听到这里，即刻起坐要求发言。

“现在是什么时候、在什么地方，争这种独立有意义吗？抗战胜利后的那天，各校回去后仍可以自主独立！今天梦麟校长特来蒙自看望大家，看到这里的纷扰，回重庆汇报将从何说起？”

蒋校长听此言即起立：“今晚钱先生一番话已成定论，大家别在这个话题上再起争议了，赶紧商量其他要事吧。”

场上再无不同的声音，商议具体事务后便散会。

隔日下午，蒋校长和夫人亲治茶点，邀请先生及其他数位教授小叙。校长北平新婚时曾有茶会，先生未去参加，这日小叙，其新夫人先生方才初见。

师生聚会欢迎蒋校长，先生并不踊跃，梦麟于北平新婚，先生也未参加，从这两件事上看得出，先生与梦麟校长私交并不深，甚至毫无私交，但这并不妨碍先生在关键时候挺身而出，仗义执言。被称为国学大师的文怀沙说过一句话：只为维护大局而仗义执言，是要有大勇气、大智慧、大仁义的。

仁者不忧 以直报怨

1938年秋后西南联大文学院从蒙自迁返昆明。先生因留恋蒙自近郊的宜良山水，借租宜良岩泉寺撰写《国史大纲》。每周四、五、六去昆明讲课三日，课程安排在晚间两小时，周日清晨从昆明返回宜良，算起来，每周的周日午后至周四午前的四整天在宜良度过，只为写作《国史大纲》，始终时间紧凑行色匆匆，直至1939年6月，这部《国史大纲》终于完成。完稿后先生回苏州，一边联系发稿事宜，一边侍奉母亲左右，也以补偿常年在外陪伴缺失的遗憾。

同时在联大任教的闻一多，习惯风口浪尖的大行动，看不惯隐形埋身的学术潜伏，他当时也不可能清楚地知道，先生正在写的巨著对国民具有怎样的历史教育意义，公然在报纸上大批先生冥顽不灵。陈寅恪先生在昆明读到后，义愤难平，一年后在成都遇到齐鲁大学的钱穆，还是难平义愤，一五一十把文章内容告诉了钱穆。

“倘若你在云南，可以诽谤罪把他诉讼到法庭。”异地官司很费力不好打，寅恪有顾虑，但比起顾虑，不平的情绪仍占上风。

“这等事岂是法庭所能明判的！我在联大，凡是‘左倾’教授，没有一个不视我为公敌的。一多最显直率，只有他，把和我一时的思想分歧形成了笔墨。”先生的意思是，没有发表，却比它更激愤、更打击的话还有很多。别人的认识想法他无法改变，也不会计较，从口语变成文字，便要计较，就显得荒唐了。

闻一多先生是一位新格律的创造派诗人，他能创造自己的诗的语言，创造自己散文的语言，但他没有沉浸于诗的世界，更不是风花雪月式的诗人，他还将胜于诗歌创作的几倍热情，投身于反对国民党政权的独裁统治，争取人民民主的斗争激流中。这与不愿将学术、教育彻底受控于政治的钱先生，自有格格不入之处。一些爱国精神、民族正义，表现的方式会大相径庭，这不能说明立场的异同。闻一多先生在昆明西南联大任教时，正是抗战八年中，做教师的他留了一把胡子，发誓不取得抗战的胜利不剃去胡子，表示了抗战到底不可动摇的决心。先生不留胡子，即使留也不会把头发胡子与抗战关联起来。这便是每个人性情表达的不同。先生敬佩于闻一多对《楚辞》、《周易》、《诗经》等方面研究的成就，特别是他的那股子钻研的劲头与耐力，因此对他就《诗经》《楚辞》的探讨先生都会热情接待，两人常进行深入交谈。

1946年7月15日，闻一多先生身亡于国民党右派刺客手下，当先生听闻这一噩耗，不禁唏嘘动情，到昆明后即去一多身亡处凭吊，随往者将遇刺情形一一详告，先生沉痛地摇头叹息，“今遭乱世，心怀不平，罹此凶灾，斯诚当前一大悲剧也。”

易事而难悦

子曰：“君子易事而难说也。说之不以道，不说也。及其使人也，器之……”君子易于和他共事，但难于得他喜欢。你讨他喜欢不合道，他还是不喜欢。待他使用你时，却量你的才具……

——选自钱穆《论语新解》

扶正班风校风

抗战胜利后北大复校，从昆明迁回北平，讲学于昆明外的同仁也都陆续收到代校长傅斯年的邀请函。先生未收到，而是收到了昆明五华书院的邀请，该书院位于五华山麓北，先生一直留恋于云南的气候山水，西南联大已离去，正好可以谢绝人事，重新拾回书生避世的夙愿，先生获邀未加犹豫，欣然允诺。

在五华讲学之余，先生还兼任云南大学课务。西南联大虽然散去，那种浪潮迭起的校风却未散去，又卷集在了云大，大字报常贴满校门和外墙，学校时常停课，只要学生发个通知就能停课，校方并不过问和追究。先生接到罢课令，不信这个邪，照去课堂，却见空无一人。学生不像学生，老师也没了老师的尊严，一己教师奈之几何，只有空悲切。

罢课已久，一天几个学生来到钱先生居住的翠湖寓所，请去上课。钱先生痛心地对学生说：

“我来授课是受学校之聘，现在罢课复课全由你们学生指挥？我前几日去了课堂，没有一个听课学生，我知道不能对壁空讲。你们不像学生，我竟不能做像一个教师，实在惭愧！”

学生知道伤了老师的心，在钱先生面前再没了叱咤风云的斗志豪情，只有诚恳卑微的细声低语，不断又来了几位学生，钱先生宿舍一下子站满了请求复课的学生，他们表明意态便默默无声。钱先生也默默无声，随后与学生一路无语向课堂走去。这片无声的语境，给了反思、觉悟一个适宜的温度与空间，使它们渐渐苏醒。进入课堂，师生又回归了原有的师道和求学的气场。

是风起云涌还是平和沉静，校风的形成，学生虽唱主角，教师的纵容或是榜样，也起着至关重要的作用。

回溯1927年秋，先生送走无锡省三师毕业班，转聘于第四中山大学苏州中学任主任教席，并兼最高年级班的班主任。两校对照，这里的校风比不上锡师纯良温厚，先生在锡师长达四年，校园未有过任何风波，而刚到苏中没几个月，就见闻了一桩怪事情。

一天，班中几位同学来到钱先生宿舍，对他说：

“学校以前遇欠薪时，任课老师必然告假以示抗议，我们对罢教老师就愈加尊敬，而必然鄙视依然来教课的老师。现今您的授课与为师之道极受同学尊崇，但最近学校又欠发薪水，可先生您却一课不停，我们很诧异，不知先生何故？”

最感诧异的是钱先生，听了学生这番话疑虑丛生，他不明白，正处学业紧张时期怎么还惟恐教学秩序不乱？他厉声说：

“学校欠发薪水是暂时的事，课业关乎你们的前途，哪能可以随便停下？安心上好你们的课才是正经，千万不要再拿这种事自寻烦恼！”

学生们本想钱先生必然会赞许道谢，没想到会是这样的反应，他们在宿舍门口进退不得，面面相觑良久，只好怏怏而退。

没过两天，这几个学生又一齐找到钱先生，上一次是发问，这次变成通告，说同学已决意罢课，派代表要去南京催发薪水。

“这事与你们有什么相干？”钱先生彻底恼了，“由教师向学校、学校向政府催发，这才是正常的途径啊。”

“学校催发，政府不会动心，只有学生去闹才有效！”

“你们年纪还小涉世不深，如何知道政府的内情？不要随便听信谗言就轻举妄动！”

“全班公议已决，择日罢课，特来相告。”

学生们通告后扬长而去，到了那天果然不来课堂，先生即向校长汪懋祖（字典存）上书一信，意谓学生没有管理好引咎辞去班主任一职，典存校长阅信后急速来到钱先生宿舍，诚意道：“恳请万勿辞去班主任职务，这个班还只能由你来‘修理’……”

学生返校后，校长给了一通训话：你们好坏分得清吗？什么话该听，什么话不该听，哪些话是为你们的前程考虑，哪些话纯粹贻误你们的学业，作为受过教育的高年级学生，这点判断能力都没有吗？莽撞冲动，意气用事，都不该是一个有头脑有教养的学生所为！校长进而又把造成的后果底牌亮了出来：“钱先生对你们听不进冷静劝告，只听得进盲动激言很是生气，他已表态不愿再担任你们的班主任。”

学生们知道这次祸闯大了，钱先生不做班主任那是万万不可的，他们喜欢钱先生，他们知道其他老师都替代不了，因为他的坚韧明朗、睿智亲切、宽广深厚，少有人如此集于一身的。正处于心智旺盛发育的学生们，说大不大，说小不小，在更换班主任这个“大是大非”面前，倒是不糊涂，学生为了不让校长换掉钱先生，一个个急忙向校长表示，必听从班主任训诲，以后一定不再有违抗。

第二日，钱先生召集班上学生坐下来谈心，学生在这种事态面前，头脑已变得清醒，抢着说：以后遇事定要请示钱先生；静下来细细分析钱先生的话，确能获得不少启示。这些孩子骨子里还是拎得清的，加上校长对学校风气的着力扶持，让钱先生宽慰许多。钱先生当然得留下来继续“修理”这个高年级班，为扶正班风校风，从此钱先生与汪校长往来交流比原先频繁了许多，逐渐风气有了改善，恢复了学校该有的纯净学风。有句老话说得不错，上梁正了，下梁歪不到哪里。

子曰：“君子易事而难说也：说之不以道，不说也；及其使人也，器之……”孔子说：“君子易于和他共事，但难于得他喜欢。你讨他喜欢不合道，他还是不喜欢。待他使用你时，却量你的才具……”

“易事而难悦”——在桃李“种植”的教育行业，从事儒业能具有这一君子特性，显得尤为重要。不要说教育正面“四两拨千斤”的意义，只要教育不走向反面，只要没有破坏功能，在某种意义看来也是功德无量！先生对此有慨叹：育人与教书缺一不可，如果仅教书不育人，比根本无教育，情状更糟糕得多；没有文化知识，情智是愚氓的，起码对人文道义不存有破坏性，倘若只有知识的锐器，而无品德仁善的教化，如同没有鞘壳的凶器，则随时随地会伤及众人，破坏社会。

坚持更改决定学生命运的考分

“及其使人也，器之”——孔子所定的君子“易事”的另一种状态——待他使用你时，便量才而用。先生3年后于燕京大学任教，为学生前程据理力争，此可佐证。在燕大遇到了几桩在他看来是“大问题”的“琐事”。

学生成绩分优劣，分数随之自有高低，高低分数本身亦寓有教育意义。先生认为，高分对优者有鼓励作用，但不宜过高，国文再好，给高分一般过80分即止，极少超过85分者，这样就有伸展的空间；欠优者以低分督促勤奋上进，总有个别人不能给满60分，但一般不会低于50分，不及格者补考一次即可重新获得及格，而不影响学业和升级。钱先生刚到任接了两个班，其中一个班是第一年级新班，月终钱先生照例给几位学生打了不及格分数。忽有学生来告，新生不及格者须退学，燕大有此规定。钱先生大惑不解，学生不远千里还有自广东福建来的，上学一个月就令退学，本学年回去再上哪儿读书？此规定太不近人情！

钱先生即去校办公室，索要不及格学生考卷，意要更改分数。他知道无法更改学校规定，但有责任更改决定学生命运的考分。办公室主事者，一副冷漠，改考分？无此先例。

“我今年新到不知道学校有此规定，否则新生月考决不会给不及格分。”先生想，事在人为，只能由自己来“人为”纠正。

“照你这样说就是私情了！今不知学校规定，所批分数才显公正无私。”主事者已习惯冷漠考虑，回应不假思索。

“批的分数只能反映我一人的水平和私见，学校怎么能凭我一人的私见算作公正评价呢？！我心不安，必须取回卷子另作计议！”钱先生的倔强劲上来没人可以拦得住。主事者以“商之上级”缓冲，给自己的冷漠无法坚持还想找个台阶。

最终钱先生的请愿获得批准，直到班上没一个学生遭退学才甘休。但事后心里终觉不适，学校是一主，教师仅属一客，如要伸张自己的想法见解，似有喧宾夺主之嫌，先生百味杂陈难言滋味。

视校事如家事

燕大发通知都用英文，连水电费缴纳催单也不例外。难道国文老师一定要识得英文？先生终于按捺不住的疑惑，恰巧落在水电收款人面前。对方反应极不耐烦，我只知收费，学校的事我管不了。英文缴纳催单这一小节，暴露了学校对中国教师的漠视、欠尊重，先生的异议与其说是对发通知人表示不满，不如说是对学校有这些给人大不爽的细节而烦恼。

一天晚上，监督司徒雷登在自家设宴招待新教师。燕大校务全由司徒雷登一人主持，他自然很关心新教师对学校的初步印象。先生故态复萌，18年之多在中小学校养成了习惯，视校事如家事，听到发问，不稍迟疑，即吐胸臆：

来校前就听人说，燕大是中国教会大学中最中国化的，心中对贵校甚是期待向往，来后一看其实大不然，进校门就见醒目的“M”楼“S”楼，似与“中国化”不太搭界，这第一眼给人印象很深刻，倒不宜轻视，在我看来，以汉字命名更好些。

全座默不作声，司徒陷入深思，其他人觉得，初次成为主管座上客，多些寒暄便可，实质性的意见无须多提，所以都不出声。此后燕大特为命名一事开校务会，讨论先生提出的“中国化”问题。校中一湖景色优美，也要有个名，你提他提列了好多名，一听挺好，细细琢磨都觉不合适，还是“未名湖”吧，这个意见最统一。“命名议会”商定，从此把“M”楼改为“穆”楼，“S”楼改为“适”楼，取钱穆与胡适名字中各一字。

1952年，中国内地实行院系调整，燕京大学被拆分，文科、理科等并入北京大学，工科并入清华大学。燕京大学校址——“燕园”成为院系调整后的北京大学校园，仍保留有“穆”楼、“适”楼，以及“未名湖”……回溯因由，皆出自先生的一个建议。

大学环境不如中小学

先生在小学任教10年半，中学任教整8年，这18年零半载的历程，常浓墨重彩于他的记忆回访而涌起浓浓暖意，他体会：大学环境不如中学，中学环境稍逊于小学，最令他回味的是任教在无锡中小学的往事。他在回忆录中掩饰不住对他们的眷恋和思念之情，只需提一些人名，就会情景重现，情谊跃然于纸。来看这段文字：“小学时，在三兼，有秦仲立；在鸿模，有须沛若；在梅村有朱怀天。学校同事情如家人兄弟……每校学生亦都在一百人上下，师生相聚，俨如一家。及在后宅，更觉师生亲切，寝于斯，食于斯，团体即如家庭，职业即是人生。”

先生说起在无锡小学近11年的教育经历，感喟到，假期归家与在学校工作，两者固有不同，但肯定都有家的感觉。他这样比喻：

家像卧室，学校像客堂，当然不能说卧室是家，客堂就不是家了。

回忆起任教中学的8年生涯——其中有厦门集美学校的1年，无锡省立第三师范学校4年，苏州中学3年——他有这段描述：

“住校同事，寝室骈连，亦多朝夕接触。学校事无大小，皆所预闻。团体小，投其中，不觉是一客，仍如一大家庭。”

他由此感叹，生活与职业，两者实在无可分割，生活中必有职业的成就，职业中必有生活的乐趣，无可分开说居家是生活，学校是职业。假如分得清，以现在的话来说，幸福指数便要大打折扣了。有尊严有成就的生活，有情意有趣味的成就，几者相融相谐，互增互援——先生留恋于中小学校环境，概莫过于此吧。

坏壁无由见旧题

1956年7月1日，先生在香港新亚书院农圃道新校舍的落成典礼上，便流露了辞退之意：“学校一开始，艰难万状，不好中途卸肩。我常说，只要新亚能不关门，我必然奋斗下去（第六卷《立人，达人》描述的正是钱穆先生为新亚留下的艰苦奋斗的足迹）。待新亚略有基础，我才可有其他想法。自从新亚获得雅礼的合作，我想我摆脱行政职务的机会快来了。”

“以前学校用着我长处，以后学校将用我的短处了。”他希望在学术上再作些贡献，这要比坐办公室出席会议、应付人事，意义要大些。何况随着年岁增长，精力受限，总有不周全之处，因此先生还自我责难“知其不能而为之，实要不得”。他认为“勉强为之”恰恰违背了孔子的“知其不可而为之”的真谛，只有停止不擅长的事投入擅长的事，才可尽性尽责做一理想人。倘若真正进入他的逻辑系统，也就不难理解先生在辞职时所用的激词，他惟恐自己所处人生暮年失言失责，他说："我也算是一长，人非圣贤，苟不时自警惕，若使位居人上，而品在人下，岂不是一件可耻可悲的事。"

先生用苏东坡的两句诗词来慰藉自己，更是助力他身边的"后浪"："老僧已死成新塔，坏壁无由见旧题。"意思是，和尚死后筑小塔埋藏骨灰，寺院壁堰再见不到老和尚题字，这并不奇怪，完全符合自然规律。他想说明，代代住持的替旧更新是极其正常的事情，因而借用东坡诗句来为自己、为学校下定"辞退"的决心。

先生与几任雅礼代表谈过他辞退的决意，终因各种事务一直拖延到新亚并入中文大学。1963年秋季开学，在两位新亚教授的聘任问题上，与李卓敏校长终因相左的意见，促发了先生的辞职书提交。

新亚商学院院长、64岁的杨汝梅，那年不再予以教授名位延聘，与其相对照的是，在美国商业机构任职、68岁的约翰却被聘为客座教授。约翰将半学年不能来校，还可能根本不应聘，所定薪水却远超于教授的规定额度。倘若让杨汝梅任教授，竟有个附加条件，一年后必须退休。另一个在先生看来受到不公正待遇的是，新亚理学院院长张仪尊，新学期只被聘为讲座教授，其实他的经验与资历并不逊色甚至优于膺选在其他科系的教授，先生意为聘作教授才合适。两个分歧不能达到统一，先生因此加快了他辞职的手续办理。如果说原先对新亚有许多感情上的不舍，辅助了外界的阻力，这个分歧倒有点起着快刀斩情丝的作用。

李校长对人说：钱某只需退休，不该辞职。先生吐出心声："此非我对中文大学故意消极，我只求大家和衷共济。"他进而补充他的为人准则："若我此番不辞职，便和我平日所抱做人理想不相符。我之坚决辞职，只是要照我理想做一人。"

修己以敬，心悦诚服

孔子的学生子路曾经问他的老师，怎样才能成为一个君子，孔子告诉学生说：修己以敬。好好修炼自己，保持着恭敬的态度。学生很惊奇，这么简单就能做君子了吗？孟子说，以德服人者，心悦而诚服也。

先生在北京大学工作时，一天接到北平图书馆研究员刘盼遂的电话。他近日登报征招一名书记员，有位名贾克文者，远道从保定来应征。昨晚刚到他家，今晨起来听主人叫他倒一盆洗脸水，即露愠怒，并称，我是来应征做书记员的，不是做仆人干杂活的，倔脾气上来后，收拾行李就要走人。刘先生很是惊讶，连忙告说自己失言，再三挽留，仍敌不过贾克文的倔强劲，如果真让他住一宿就回老家，内心终究会感到不安。

这个贾克文似把恼羞情绪进行到底了，再难释然，答应刘先生，如若帮助换一家做事可暂且不回保定，刘盼遂不得已只好向先生来求救。

先生家里乳娘佣人都有，书记员并不急需，一听刘先生的为难之处，二话不说请留了贾克文。

克文当天就来到钱家，先生让出自己喜欢住的小屋，南窗照进的阳光把小屋蒸腾得暖意洋洋，闭上门即与外界隔绝安静异常，打开门便与大院相通景色共享，信步于院中，可安放各色心情。朴实寡言的克文，听从钱先生的一切安排。

寒假先生要将母亲送回苏州，全家一同回南方，跟克文商量请他一人在北平留守，开春全家即返，问他能否耐得住这段时间的寂寞。克文欣然应允，没问题。

先生开春回北平，家人没有同来，想请一个佣妇管家却一时很难找到，只有两个人过。贾克文问两个人怎么过，先生说现在两个人和你一个人时一样过。克文说，我做饭做菜自己吃还可以，您先生哪能吃得惯。先生诚然道，请你做饭已经很对不住了，怎能再贪享口福。

于是贾克文除了抄写事务，欣然担任起做饭做菜、扫地抹桌的所有杂事。克文知道先生喜欢吃白菜，烧菜时，他把白菜心单独做给先生吃，自己就吃外层的老叶子，在他观念里还没有粗纤维这个概念，菜心定是好东西，不惜功夫将老嫩叶分开烧。钱先生还爱吃新鲜的河鱼，可克文最怕的就是杀活鱼，但他照样买来活鱼，想出办法，把活鱼一条条晾在案板上，待鱼自个儿没了生息，再刮鳞剖肚。

一天晚上，先生告诉克文，第二日清华兼课时间改在上午，须一早出门赶乘清华校车，要提防他起晚了，若是早晨听不到动静别忘叫醒。这晚睡到半夜，克文大呼钱先生起床，先生急忙披衣跑到院子里，看明月正挂在半空，方才午夜怎么就叫早了？克文说自己睡梦中突然醒来，见窗户被星光照得通亮，以为不早了只怕误了先生大事。先生大笑，这一惊吓也没了睡意，留下克文在床边谈了半宿。钱先生问克文怎么跟自己那么有缘，刘先生让他倒一盆洗脸水都不干，在这里什么事都要做，实在委屈了他。克文说，先生视我如自家孩子，从未把我当外人看，对我关心备至，我侍奉您还有什么不应该的？我敬重您，就如在家侍奉我尊敬的老祖父一样，只怕自己做得不够好耽误了先生的事呢。

克文在钱家做了近一年时，他的一亲戚是个高官，介绍他去外地做警察局局长，他做了几个月，说不习惯，又回北平，在警察局换了一个外勤工作，这时先生一家人也回北平，住房还是贾克文帮忙找的。以后也时常来往。先生随学校南下，贾克文还常来照顾钱先生家庭，待全家搬回苏州，贾克文仍常与钱家保持联系，跟钱夫人张一贯说，以后先生从后方回来，还要追随先生左右。每年过年克文都要去看望钱先生的侄子伟长，在他打成右派蒙难时也不例外。贾克文后来年老了，又叫儿子代他去看望。

孟子说，“以德服人者，心悦而诚服也”。意谓靠道德使人服从，是心里高兴而真心服从。德诚相伴，就不存在支配与服从的关系，只有敬重与愉悦，彼此传递出的一份温暖与信心会在相互依存中，使敬重与愉悦不断递增，不断扩容。

孔子的学生子路曾经问他的老师，怎样才能成为一个君子，孔子告诉学生说：“修己以敬。”好好修炼自己，保持着恭敬的态度。“如斯而已乎？”这么简单就能做君子了吗？

孔子补充了一点：“修己以安人。”在修炼好自己的同时想法让别人安乐。

子路还是不满足，又追问他：“如斯而已乎？”孔子再补充说：“修己以安百姓。”孔子说到这里，又正色道，你可别小看了修己噢，连尧、舜这样的圣贤君士都还担心修己做不好呢！在孔子看来，做最好的自己，给他人以尊重，这对一个个体来说，就是君子的全部。

商教巨子家乡联袂

教人为人的人岂不最高贵！这是点亮于先生心中对教育的一盏指示明灯，与工商巨子联袂闪耀。

胃病呼吁返乡

1947年夏，五华书院放暑假，先生从昆明乘飞机回上海，准备由上海回苏州，出上海机场时迎头碰见一位熟友。先生在回忆录中没有说这位熟友的名字，也许是不便说，能看出来他们是性情之交，这位熟友是来接下榻上海的朋友的，但没有想到会在此遇到转站的先生，惊喜之状自不待言。那时通讯极不发达，久日想念一位亲人，一位老友，并不像现在这样可以想联系就能联系得上的，突然从天而降，这份天意哪会轻易放过，其实这种未经预演和设计的惊喜，远远超出我们现在什么时候都可以用电话手机早早搞定的一切相逢。

熟友拉着先生的手再也不愿放开，家里饭菜已备齐，也已清出一客房，食宿虽然本意不是为先生而备（那位接机的朋友有事耽搁），但如此美好的天意谁还会错过。熟友自带的专车一路载着他们的欢声笑语到了家。一桌丰盛家宴摆在面前，苏锡老家的邻居做出的菜肴，色香味与隔壁人并无二致，米饭也飘出家乡才有的那股子清香，先生坐下，胃口大开，主人热情备至，每盘每碟，都要客人尝过，又来一大碗米饭，饭菜总量超出平常两三倍。在昆明时先生晚上从不进米饭，只吃粥面，就这样还时常犯胃病，可这个晚上食量品种均“违规”，料想胃病必犯无疑，然而在家乡的饭食上发生了奇迹，竟然一夜无恙，晨起还通感口胃舒畅。主人对此下结论，年老后肠胃就喜欢家乡的饭食，因为早年的饮食习惯早在身体里打上烙印，不相匹配就要闹抗议。先生深感有道理，原来自己的胃病是在呼吁返乡啊！

那时无锡正在创办江南大学，屡次来函相邀，他已决意回无锡，只因五华教职一时还推不了，但这次乡食的呵护提醒，帮先生再次下了决心，也加快了回锡的步伐。暑假后，先生着手介绍友人诸佐耕去五华替代部分工作，两人一起再到五华交接，半年后，因了这个“胃病不宜川食”的堂皇理由，同人也不再坚持挽留，乡食好似为先生抽身离滇，添设了一条快速通道。

教育、工商的一代巨子——钱穆和荣德生，于1948年开春，以他们各自的资本与才华，共有的兼善家乡、兴办教育的高贵之心，倾情联袂，奉献于江南大学。

“教人为人的人岂不最高贵！”——这是点亮于先生心中对教育的一盏指示明灯，与工商巨子联袂闪耀，这盏明灯更为通亮。“教育尤为社会事业之母”，1906年起荣德生就兴办公益小学达五所，办大学是荣德生事业设想中的最高明灯。两位巨子在家乡的因缘里，因为教育理想的最高实践，成为学府的软硬件巨头，聚首于江南大学，从此结为沧海至交。

在先生看来，荣巷之有荣德生，犹如集美之有陈嘉庚。在荣氏办江大前的三十多年，当时私家兴学最负盛名者，要数厦门的集美中学，也是先生最初任教的中学，它由南洋侨商陈嘉庚兄弟，于海外经商赢利后返回家乡创办。随后又独资创办厦门大学。陈嘉庚不仅是一个教育事业家，还不愧为一个教育家，在长期办学的实践中，形成了超前的教育理念：他提倡女子教育，反对重男轻女，这开了风气之先；强调优待贫寒子弟，奖励师范生。他主张“没有好教师，就没有好学校”。荣德生也深受实业家兼教育家陈嘉庚的思想影响，深知人才的可贵，“事业之成，必以人才为始基地”，他认为好教师、名教授是一所大学的灵魂所在，江南大学兴办当然要选最好的教师，文学院院长非先生莫属，荣德生与钱穆就在这种机缘下相识了。

江南大学正式成立开学于1947年10月27日，校址在今天的无锡荣巷，校舍在西门外太湖之畔的山坡上，学校设文理农三个学院。在江大兴办半年后，先生辞去昆明五华学院职任，接受荣德生邀请回到家乡无锡，共同携手于江南大学。

心灵之交

各教授住宅多分布在荣巷的荣家旧宅，先生被受到格外的敬重和优待，住在荣德生夫妇居房的楼上。荣德生每到周六午后，偕夫人从城中工厂回到荣巷休息。晚饭后德生必定要上楼与先生畅谈，形成习惯后，到时到点两人就要坐在一起叙谈，有时先生不待他上楼，就会自己下楼到德生房内，每次交谈不少两小时，时而国计民生，时而道德修养，时而创业心得，时而教育策略，话逢知己，海阔天空任意纵横。他们也有心灵间的深刻对话：

“我在无锡城内各酒家外面，总能见到成群结队的乞丐，伸手向走出饭店的食客乞讨零钱，甚至剩食，每看到这种情景我很揪心，群丐都是无业壮年，本该是挥洒热汗，以劳动所得养活自己和家人的时候，可是他们无业可做，所以广招劳工，消弭失业，是我办厂的一大愿望。”

“荣先生一生创下了那么多的财富，个人生活仍然节俭寒微，从不看你有富家气派、有物质享受，你拥有的这些财富能帮你实现什么样的人生愿望？”

“人生必有死，即两手空空而去。钱财有何意义，传之子孙，亦未闻有可以立世不败者。如果把财富变作身后纪念物，我会视作很有意义，比如自蠡湖直通鼋头渚跨水所建长桥，年年代代给无锡各方行人从西门陆路至鼋头渚提供通达的便利，此桥是我报答家乡最可直观的一大物证。”

教育事业的兴办，是一项长久的“软件”工程建设，不能马上直观到它的成就，因此在那个年代足以隐埋了一个实业资本家的雄才大略。

先生从与德生的心灵对话中，深深感喟，教育以修身为单元，从私塾开始，在良性循序中不断滋养着心中的人文，这就是中国社会的文化传统，它在身传言教的培育学堂中，积淀在人们的心里，成为一种心理思维习惯——重名不重利，重公不重私。这种心理润泽虽细而无声，却不啻发挥救人救国的大功效。

先生印象中的荣德生，“日常谈吐诚恳忠实，绝不染丝毫交际应酬场上的世俗奸诈，也没有效仿小知识分子的假斯文作态，有的是直吐胸臆的肺腑之见”。钱穆与荣德生都已有长久的人生阅历，正可谓历尽沧海难为水，两人如此相知甚深，实乃人生难得的一种心灵知己。凡是利益之交均不可能长久，只有无私的心灵之交，才是长久之交。两人的出身背景迥然不同，人生轨迹实难相交，却缘起心灵之交促使他们携手共同的事业。

行文至此不由得想起了当代一位文化大师与喜剧明星，两人一庄一谐结为至交，曾引来许多人的不解，大师消释众人之疑有这样一句话：艺术没有界限，人品没有界限。

是的，人品没有界限，性情没有界限，为家乡的百年树人开凿奠基，更没有界限。

印度取经的马

文学院办公室设在楼上，窗外远眺，太湖即在眼前。江南大学吸引了不少人才，环境适宜是一方面，更主要的是，先生已是知名度极高的史学大家，发表过了《刘向歆父子年谱》、《老子辩》、《先秦诸子系年》、《中国近三百年学术史》、《国史大纲》等传世著述，在这面旗帜下，自然会引来济济人才，如唐君毅、牟宗三、诸祖耿、朱东润等著名学者教授。

尽管这样，江南大学对于教授都有严格的要求，规定完成一定的工作量，包括上课时数、发表论文等，但荣德生对钱穆却是倍加爱才惜才，完全网开一面。下午基本没课务，先生常一人至湖边村里，漫步岸上，上天下水全是他心情舒展的空间。从荣巷居所到学校，沿途乡民各筑小泊，养鱼为业。先生常雇一小船荡漾湖中，每一小时只需花钱七毛，任其所至，两三个小时里，与闲云野鹤、风帆浪涛亲密做伴。期间闲思遐想纷至笔端，近10万字的《湖上闲思录》便在这样的闲暇中，酝酿而成。集子浓缩了30篇思想精华，有“人文与自然”、“精神与物质”、“情与欲”、“理与气”、“阴与阳”、“艺术与科学”等哲理性小文。

先生还在江南大学期间，结合自己的讲学，以马其昶《庄子注》为原本，遍读《庄子》的各家注解，摘取各家要点和精华之处，再融于自己的所悟所得，用五色笔添于马注原本上，这便是著名的《庄子纂笺》一书的初稿，此书后来在香港付印得以传世。

1940年在成都齐鲁大学主持国学研究所时，有不少江浙籍的研究生从师于钱先生，他们1945年抗战结束后回了家乡，听闻钱教授到了江南大学，消息便在这些同学中不胫而走，一个接一个都陆续来江大跟从。我们知道一句话是，曾经沧海难为水，孟子还有言，游过圣门难为言，意思是在圣人门下学习领教过的人，就很难被别的言论吸引了。可以看出，钱先生的讲学才识，执鞭风范，让学生们有"圣门"之感。

这学期，因上海一家书肆相约并出资，为选四部旧籍作为人人最先必读的书，罗列有十几种书，要人手为它们逐句加上标点符号，这些跟随而来的十多位学生担任了此项繁琐工程。各自在标点工程中，遇有疑难不决处，都请由钱先生定夺。完工后，钱先生着手撰写《中国历史新编》，定好目录，有"政治制度"、"社会经济"等二十余类，由学生从钱先生指定的书籍中，分头抄录集合，最后由钱先生总其成。又是一项头绪万千的繁复工程，然而完成一半后，却逢时事紧张，国内战争即将爆发，《新编》分类抄集只好半途而废，那些注上标点的古籍名著也未能着手付印出版。没有结果，从这点看起来，似是非常浪费师生的宝贵时间与精神。

但是什么路都不会白走，闲情碎思，无出版结果的收集忙碌，都是一种人生所得，都会有益于实际人生和事业。有个寓言故事说：有一匹马与一头驴一起开步走，马驮着玄奘出发，经西域往印度取经，后又回到原地；驴开步后，在一步不停地推磨，也走了很多路程，但始终在原点，马与驴的劳动结果一比较，驴磨了好几十袋的粮食，马驮回的还是一个玄奘。但马的眼界、马的见识，这时的驴显然已无法与之相提并论。所以没有结果不等于没有收获，这种收获的价值远远高于看得见的结果。

享受生命乐趣

“人生不是单调的，呆板的，而应是新鲜的，活泼的。”这是先生认识的人生，色彩多样情趣互增。他认为君子相知之处在于“惟我独知的性情上，不在与众共见之事业上”，因而他特别注重性情的安放，在与师生谈人生时说道：“事业的压迫愈重，性情的迷失愈深，我们要看重内面性情，不要太看重外面的事业。”有位哲人说过类似的意思，一个人的实力未必表现为在事业山上的攀登，真有实力的人还能适时地退出竞赛，省下时间来做自己喜欢做的事，享受生命的乐趣。在这一个篇幅里，共同来欣赏钱穆先生如何享受生命的乐趣。

读书游山都能获得真实快乐

1943春，先生在浙江大学作一月讲学，遵义的山水成了他的亲密伴侣，曾在北平听过钱先生大课的李埏，这时自昆明也转来浙大任教。曾经仰慕的老师，现成短期的同事，李埏怎能错失与先生讨教的良机，每日必去访先生，时常在遵义的山水中授获机宜。大学近郊，有一山，山中盘绕一条长溪，溪水潺潺而下，两排树木环溪而立，时有百余燕子飞翔于树丛中，先生喃喃而语：“学而时习之，习，鸟数飞也……”他进而又言：“每次看到雏燕飞于庭中，想着它在练习飞翔，凭这种刻苦劲，我们当认它为师……”

一天李埏憋了几天的话终于憋不住了，对先生说：“当初在北平听师课，好是惊讶于您的渊博，同学们都猜想，先生必长日埋头书斋，不然怎会有这么丰富的学识。前赴宜良山中访老师，也寻思同学的想像果然不虚（那时钱先生正在撰写巨著《国史大纲》），总恨自己不能像先生那样勤学。到这儿才发现先生长日出游，没想到先生之好游，更为我辈所不及啊！今天才识得先生生活的另一面。”

先生乘兴告诉学生：“读书时一意在书，游山水时一心一意在山水，乘兴所至，心无旁骛，读书与游山用功在心，自能获得乐趣。并非读书是苦差，游山是享乐，其实两者都会获得心灵的交流与愉悦，读书才会有大长进，游山也会有大趣道。”

李埏甚觉收益，但又有疑惑：“一向不闻先生说起山水的趣道，我陪先生已近一月，但山中水边亦只是先生与我两人，这么好的山水风光，先生只要与浙大的师生一说，这里的山水就不再冷清了。”

先生朗朗笑说：“向来只听说劝人读书，不曾听说劝人游山的。实际上书中大有劝人游山的先贤。司马迁写《史记》，不是告人他早年已遍游山水吗？！孔子《论语》说，仁者乐山，智者乐水，就是叫人亲近山水。读朱子书，也可获有劝人游山的话语，你下次试着从孔子朱子书中寻找，就可获得很多。因为你想遇到的总能遇到，书中也是这样。从读书中懂得游山，才是真游山，可获真乐。”

师生俩一个来自成都，一个从昆明而来，邂逅于遵义，先生感动于学生的追随陪伴，不禁流露出他的真性情：“有朋自远方来，不亦乐乎！今日您能跟随我读书并游山，我们确能因此成为真朋友。从师或交友，像读书游山一般，能得到真实而难忘的快乐。”

李埏对与先生的一月相伴，也甚感珍贵不易，感慨道："学生今日跟从老师游山读书，真是生平第一大乐事！"

无意偶得乃更佳耳

1938年5月，先生未随西南联大文学院迁往昆明，滞留于蒙自继续《国史大纲》的撰述。因居所与航空学校相邻，频遭突袭，抱着书稿东奔西藏，大以为苦，不得已暑期又转地宜良。可谓因祸得福，因一友人全力相助，在宜良觅得岩泉下寺一栋别墅小楼，屋主为当地县长，全家无人在此居住。环境出奇的幽静，正适合先生在此闭门写作，晨晚散步，又可饱览尽享山水风光。陈寅恪随汤用彤来此处探访，坐于院中石桥池水边，大为感叹，如此寂静之境诚所难遇，是个写作的好地方，不过要我一人住这儿，非得精神病不可。他意谓，此处是仙境，不是人所能呆的地方。

宜良胜景可是让先生如鱼得水，到后不久，他打听到邻近的路南县，有石林瀑布山洞诸奇观，须乘火车赴路南站，改坐山里轿子，再走几十里路才可抵达。时任云南大学教授李埏正是路南人，学生兼当地人，充当导游，最佳不过，年假时还约上另一同事，三人同行。石林奇观着实让先生吃惊不小，四十年后回忆这一幕，仍感生平一奇遇。满山遍野的石笋嶙峋拔地而起，虽地质学家能解释它们的成因，但可叹自己不能诗、不能画来吟咏来描绘，总觉石林没有经文学处理，它们的形象始终是模糊和不确定的。其实石林的奇峰异石早已入诗入画，留刻于他的记忆深处，直到晚年仍不减惊奇的程度。

第二日再游地下溶洞，令先生想起在无锡第三师范时，曾出游宜兴张公善卷两洞。那时宜兴只开发了这两个洞，比起路南的山洞小了很多。从溶洞出来再游大叠水瀑布，瀑布巨响声震山野，数里之外就可听闻，他们直赴瀑布源头处，靠近之后，“一片喧豗，三人语不相闻”。至瀑布顶上，先生描写道：“向下俯视，恨不识瀑布真面目，惟闻澎湃巨响，又怕失足下坠，神魂惶恐，亦忘其置身何处矣。”人生的见闻，无论大小，似都会先入为主，在此后二十年的一天，先生于美国加拿大两国交界处再见尼亚加拉瀑布，却是“无多趣味矣”，因人工迹象太多，先生喟叹：好似上有天下有水的大自然景象转成儿童玩具，更何奇丽可言。

“循瀑布下流，遵水而行。一路水势奔腾，声势犹壮。途中遇得一堆巨石在急流中，余等设法攀登其上，各择一石，仰卧默听，天地人生又尽没在一片轰豗中……”立于急流巨石上默听水的轰鸣，先生获得了一种时空绵亘中独一无二的生命体验。他写道：“洵知天地诚多奇，人生亦尽可多得之。惟在无意中偶得之，乃更佳耳。”只为观瀑布而来，此前绝不会预见有如此震撼的水石冲击形成的壮势巨响，无意偶得超乎想像，总令人难忘，人生许多出其不意的体验何尝不是如此？无意偶得更佳耳。

两日游完，李埏提议，路南的羊乳算得上云南最佳特产，来这里必要尝一尝。于是东道主引路，寻得一家羊乳上佳的饭店，三人坐下，羊乳味道真的不错吗？等待中，先生说起了在昆明时，与锡予在城外一酒肆午餐所遇，席中店主人特赠羊乳一碟，可两人从未尝过，惧怕腥膻味再三婉绝，店主人不解，如此美味怎么不肯试尝，第四次再劝说，仍遭谢绝，令店主人失望至极。好吧，既然今日学生又推荐，一定要尝尝了。

不尝不知道，如此顶级美味，早期竟和它失之交臂。回去后先生即把这个意外收获告知用彤，随即同赴酒家再度“请”出羊乳，尝试后两人大赞不绝。原来美味也要在知音的引荐下才肯欣然品尝，生活中很多美事因为自身的戒备，而会错失缘分，两人会意而笑。

老人村的世外桃源

1944年暑期，正于成都华西大学任教的钱穆教授，受到原西南联大学生陈钢邀请，去灌县外的老人村小住数日。早闻老人村闲适之名，趁学校暑假，先生便与学生欣然偕往。

数百家村户沿长溪相依而居，寿逾百岁者多有数十人，据说因为溪流上源盛产枸杞，成熟后多落水中，长年饮用枸杞浸泡的溪水，故而长寿。老人村是成都通向西康雅安的要道，常有人私携枪械过市，在此住一两宿，赴西康贩卖，获大量鸦片再返此地过宿回成都，往返频密。村人除种田外，也靠餐宿赚取收入，家家生活富裕。过往商人只给他们带来经济效益，却破坏不了这里的纯朴民风，全赖村庄依山傍水，村民们整日被大山大水包容洗涤，使得胸襟开阔性情纯正，虽有商人密集往来于村庄，但整个村庄的魂魄气韵不会与外界交集，仍然过着自得其乐的封闭式生活。陈钢在西南联大读书，算是村中向外求学的第一人，足见村庄与外界交流奇少。这种桃花源式的山水居所，正适宜先生性情惬意安放。

“余在老人村，借宿村边一小学内。暑假无人，独余一人居之。余偕某生尽日畅游，大为欣悦。”四五天下来，周围景致已游尽，先生欲返灌县，学生劝阻：“先生暂不可回，我们有村俗，一家做东设席，同席者一定要挨次做东，迄今尚未逐一轮到，先生是主客不能不到，如匆忙离去，违背村俗，学生将负不敬之罪。”既然现在离去属“违规”，不妨再停留数日，好好享用老人村的“农家乐”美食吧。

世上没有不散的筵席，先生离开的那天早晨，陈钢父母又特意准备一桌丰盛早餐为先生饯行。餐中有金黄色的玉蜀黍窝窝头，全摘新生未成熟的颗粒，吃起来鲜嫩可口，在北平时先生就最爱吃，但与这里的无法相比，学生家的窝窝头最为上品，先生深感其家情厚。

回去后，先生对老人村回味不尽，与别人聊天总爱说起老人村，可是虽然无人不晓老人村，却是少有人访问过老人村，先生甚为大伙遗憾，思忖自己游老人村，不亚于武陵渔人游桃花源所获的意外和惊喜，与陶渊明虽千载相隔，而情趣无异也。

从中国式园林中悟出“天人合一”之道

先生1960年讲学于美国，穿越加美交界的尼亚加拉瀑布，其人工绘就的壮美，让他更倾情于趋近天然的园林艺术，因友人相邀加快旅程，到达了多伦多城外的一个中国式园林。前清时这位加拿大人游北京园林大受启发，回去即调动起所有的想像和模仿，建造成了这一园林。先生于北美观赏中国式园林，别有一番情趣，好似出远门已久，突然有一天被告知，有位家乡老友，就在附近可去造访。亲情以突如其来的方式降临，会使愉悦倍增。

骤然入门，见一棵古松与一枝嫩柳并峙而立，他顿时会意在心，这正是出于中国人的匠心独运，恰如看到故乡人拿出老窖中的陈年好酒，一看那陈色一闻那香味，家乡的信号全部对上了。稚柳古松，植物的一老一少依傍而立，妙趣横生，最自然不过的景象，却又在真正的大自然中很难觅得，独属中国人的伦理与情趣。

于非自然中创造更自然之境像，是中国园林名胜最为拿手的杰作，先生深感为是，连同中国的山水画，在非自然中巧设自然，更比西方绘画胜出几筹。西洋人作画，必面临其境，如实描绘，真可谓“写真”。其布置园林也完全取之于自然，如旧金山多有桧木公园，公园中只有桧木，别无其他帮衬的“自然”景象；若加以布置的景区，则处处见突兀的人工迹象，尼亚加拉瀑布便是一例，让人完全置身于假景中。这就是西方机械世界观的微缩投影，自然与人迹显分两境。中国园林必然融自然于人迹，又融人迹于自然。先生就此对中国的融通之艺大为赞赏，他深信，人迹与自然两境合一，乃为上乘。

先生徜徉于中国式的园林时，心念里与祖先的“天人合一”之道作了一次神秘会合。

大雪飓风呼应来庆贺

阅读写作，也是先生享受生命乐趣的一大方式。1960年3月3日，先生自称这一天是“值得纪念的一天”。在美国新港耶鲁大学讲学期间的一个大雪天，是他《论语新解》的首写日，为中国圣贤语录全新诠释，好似老天也感受到不一般的意义，在这开写之日，隆重地以圣洁的白雪，作为揭幕仪式的大礼。

这一天出奇的安静，先生推掉了一切外事活动，只有天地的一片洁净相陪伴，静静迎接《新解》的孕育与诞生。

起头开得宁静安详，思绪便畅流而涌。《论语》共498章，先生原计划一天解6章，结果一天解出多达11章，最多的一周，解过62章，写下超过5万言文字。仅有量先生不会满足，还一定有自己认定的质，他的释文品质便是，特别地坚守义理、考据、辞章三方兼顾，并以释义理为重的原则。在此摘录他漫谈《论语新解》写作经过的片断，可以分享到他思辨中的快感——

> 本来《论语》尽多异解，我以前是主从甲说的，现在又想从乙说，其间取舍抉择，煞是不易。有的经过内心私下再三思辨，终于舍弃了旧见解改从新见解了。亦有的经过再三思辨，终于决定仍从旧见解，而放弃了新见解。但也有已从新解，再经几天思考，又改从旧说的。也有已留旧说，再经几天思考，又改从新见的。也有几章，在自己新旧见解冲突，异说分歧，十分难解之际，而忽然悟出一番新意，自谓能超出以往旧见，更有新得的，那又是一番意外的喜悦。直从九月十月到十一月，那三个月中，我常一人，或半天，或全天，独坐空楼，已凉天气未寒时，下帘寂寂，至今回味，仍感到乐趣无穷。

《论语新解》完稿之日，是1962年9月1日，先生在香港沙田居所，戏剧性地迎来了一场大飓风。幸在飓风来临之前，主人把客厅和书房作了对调，避了风口，并抢救及时，避免了一场风吹雨打文稿成纸浆的劫难，劫后余生，彰显了顽强生命力，倒有一种别具一格的仪式感，《新解》的完成与开写之日，老天竟以飓风和大雪来呼应庆贺。先生甚感蹊跷，此书与大摆风雪盛宴的自然界定有着不解之缘，不禁感怀："正好遥相映照，留作我私人的一番回想和纪念。"

不愿做畅谈终结者

1941年春，先生正在嘉定武汉大学讲学，被教育部电召赴重庆开会，讨论有关历史教学问题。与会者有徐炳昶（字旭生），以前在北京大学哲学系任教时，与先生有过多次谋面，但没有深交，这次在重庆青木关教育部会议中，两人有了深入往来。

会议完毕，先生因被邀请出席中学老师暑期讲习会，仍留青木关，这时炳昶刚在读先生的《国史大纲》，与作者讨论的好机会哪能错失，干脆搬与先生同宿。上午先生上课，炳昶就留室中读《史纲》，午后小睡起，两人去郊外茶室，坐于树荫下，热烈交谈至天黑方回去。先生讲习会讲课一星期，两人半日讨论也有一星期。炳昶书读完，先生会议全部结束，两人间讨论也暂告一段落。

抗战胜利后，先生自成都齐鲁大学国学研究所回苏州，炳昶从昆明西南联大回北平，在重庆转程时，两人又安排了一次相聚。"旭生健谈，每达深夜不能休。"健谈之人评说另一人健谈，两人有多投机可以想见了。每晚先生与徐炳昶深谈，总是由先生乞求停止明日再谈。有一晚上，先生留在徐炳昶宿舍长谈，故意忘了时间，忽然炳昶看手表："不早了，我送先生回去休息，留明日再谈吧。"先生得意地笑了："终于让你输一回了，每次都是我喊停，今晚我存心要你来喊停，只怕再没机会有这样的长谈，我也不忍心中止啊。"谁都不愿做畅谈终结者，这时被先生挑明，两人不由得会心大笑，然后依依作别。

与老丈人一见如故

这个标题不太准确，因为初次见面时，先生并不知道胡家凤（字秀松）有一天会成为自己的丈公大人，却是两人如同多年的老朋友一见如故。曾任江西省政府主席胡家凤先生，1949年5月携家眷来到香港。无锡同乡丁熊照办宴邀请先生同时，也请来了胡先生。两人比其他客人都到得早，于是在丁家屋顶的露天阳台上，围一桌对坐长谈，直到主人来邀请上席，还意犹未尽。主人请胡公上座，他却再三推让，要年少他9岁的钱先生上座。先生思量，其他一切不论，以序齿辈分排，自己也当陪下座，而且自己与主人是同乡，又同居港九，胡公不久就要去台北，属过客，怎么想都该胡公上座。就这样一推一挽四五番，最后也不知谁坐了上座，先生"只忆与秀公骈肩坐，继续长谈不止……"

彼此超乎寻常的投合与礼敬，在旁人看来，似有些不可思议，但正是一种脾性才识的彼此发现和欣赏，才会有这种意外却又是意料中的喜悦。有人说："读书的最大乐趣之一是自我发现，知道自己原来还有这么一些好东西。"识友交友赏友，更有这种发现的乐趣，且是迅捷的互动发现，冥冥中的相似与欣赏，突然彼此被心灵捕获，那种机缘巧合确是很难"修得"。

以人格魅力照射生命光辉

一次孔子病得很重，子路让先生的全部门人装扮成家臣来准备丧事，后来孔子病好了，知道此事非常生气："这是诈道啊，我没有家臣，装作有家臣，难道要骗天吗？我内心来说，当然不愿死在家臣们手里，而愿意死在你们学生手里啊！按你们的逻辑，我用不到君卿大夫们的葬礼，难道就只好死在马路上没人来葬我吗？”他为学生不知自己的心意很难过。

先生跟师生谈心，带着自身的情感讲了孔子不以做官为荣而以当一名教师为重的这个故事，他说：“子路想尊敬孔子，却违背了孔子平常讲礼的意思，孔子为中国社会创立师道，他的身份哪在官位上啊？”

（行文至此，笔者想起了第一次见钱先生小女儿钱辉女士时，也获得过相似的教诲。因钱辉退休前是苏州某区人大代表主任，我便按习惯尊称她以“钱主任”，她的反应似有不悦，我不知何故，钱先生二儿子钱行老师在一旁立即提醒：小妹也当过老师，不愿听别人称呼“钱主任”，你还是叫她老师比较好，我这才恍然大悟，立即改口称老师。子承父志，以师为尊，不以做官为荣，相同的人格趣味呈现在两代人身上，不禁让我感怀！）

先生照射出的生命光辉中，有一种光辉非职位名号为官之术，而是以自身的学术威信人格魅力，照耀于周围同人之中的。他被同人礼敬尊崇，在餐桌席位、尊卑排列的仪式里时有集中显现。这里不妨从他大陆工作阶段摘取花絮片断，用蒙太奇手法拼接连映——

△钱穆在鸿模学校，教学认真、负责，深受校主华士巽的器重，常被邀去做客，礼为上宾。

△钱穆以他扎实的学问功底得到了两班同学（于集美高中）的认同，在班上立稳了脚跟，也得到了校长叶采真的称赞，一次设宴招待新聘同仁，以钱穆为首座。

△钱穆在苏州中学任教时，胡适到苏中演讲，当校

长汪典存陪伴胡适进入会场后，特地把在前排就座的钱穆招上演讲台与胡适同坐。钱穆之所以受此礼遇，是因东吴大学陈天一向胡适的推荐。

△钱穆到北大后不久，外国著名学者来中国访问，史语所宴请客人，傅斯年总会邀请钱穆，并让他常坐贵客之旁座。

……

寻根认同
共振中华

卷五

温情与敬意铸就《国史大纲》

历史见证，也是友谊的倾情见证

孕育与向导之责任

接受多元，择善固执

历史也可以是感性而文学的

◇梦家听到钱穆应诺的当刻，兴奋地说：“如此当为全国大学青年先祝贺，其他受益人亦复不可计……”

◇“因今日国人好批评中国旧传统，却绝不愿道一其优处，我就想以此史纲矫正一下国人的偏离。”

◇“透露了钱先生他自己对学问的态度，用今天的话，他的学问系统是开放的而不是封闭的。”

◇中国历史，就是真实的人生和文学的人生贯穿其中的历史。

卷五
温情与敬意铸就《国史大纲》

《国史大纲》是钱穆先生一生中最重要的学术著作，1940年6月出版，在当时享有盛誉，影响空前。这是一部贯通中国古今的通史力作，倾注了先生多年的精力与心血。作品成形始于他在国立北京大学的“中国通史”讲座，此课每周四小时，一年讲完，同学听课后纷纷向钱教授索要讲义，他自感：通史大业，殊不敢轻率为之。《国史大纲》正是在这样初期备课的基础上，又进行了浩大缜密的工程。完稿之后他曾致书友人，讲述撰写之不易：“细针密缕，既苦书籍之未备；大刀阔斧，又恨精神之不属。”

1938年5月先生在蒙自开始《国史大纲》的垒建，秋后，西南联大文学院迁回昆明，先生因写此稿滞留蒙自，以为“冀得清闲，可以构思”。可到九月间空袭警报频来，“所居与航空学校隔垣，每晨抱此稿出旷野，逾午乃返，大以为苦。”先生转地至宜良，居城外西山岩泉下寺，继续写作。不日昆明学校开课之期已至，先生为讲课和写作，不得已辛苦地往来于两地间。“既乏参考书籍，又仆仆道涂，不能有四天以上之宁定。”可以想见先生这段时间写作的艰辛程度，至全稿杀青历时整整13个月。

历史见证，也是友谊的倾情见证

梅香剑锋来自苦寒与磨砺，先生深以为感，但他并不认为，此书的出炉仅为一己的努力。定下目标撰写此书，实有幕后陈梦家的两次劝说方才促成，他在回忆录中异常感慨：“余之有意撰写《国史大纲》一书，实自梦家此两夕话促成之。而在余之《国史大纲·引论》中乃竟未提及。及今闻梦家已作古人，握笔追思，岂胜怅惘。”实际上从《国史大纲》的前言或引论来看，都无涉他创作过程的介绍，那时他一意被陈梦家的两夕谈话所感召，而有了一种急迫的使命感，只“为全国大学青年计”，“为时代急迫需要计”，为让书稿尽快得以面世，付印之前无暇思量与赘述，存有疏忽当在情理之中。引得先生发出“岂胜怅惘”之语，有对同事陈梦家个性品质的感佩使然。

陈梦家，曾使用笔名陈慢哉，在20世纪30年代的诗名很大，与闻一多、徐志摩、朱湘一起被称为新月诗派的四大诗人。1932年底于北平燕京大学宗教学院学习时，正遇先生在燕大兼课，他主讲的上古史让陈梦家对上古先秦史产生了浓厚的兴趣，后以考古学、甲骨文研究成名，与此兴趣的触发不无关联。1936年9月，陈梦家获硕士学位，留燕京大学中文系任助教，从此全力专注于中国古文字学、古史学的研究。1937年7月，抗战爆发，陈梦家由闻一多先生推荐，到长沙清华大学教授国文。是年秋，赴昆明西南联大任教，夫妇俩喜欢与钱穆先生交往，“常相过从”，梦家尤其有了问题，时常爱与宾四来讨论，只要到一起，感发的话题就有很多，有说不完的话。谈论中，梦家先后两次提醒先生为中国通史写一教科书，这才有先生“先成一体例”编纂新通史的决意，才有后来的《国史大纲》的问世。第二次劝说时，梦家听到先生应诺的当刻，兴奋地说：“如此当为全国大学青年先祝贺，其他受益人亦复不可计，幸先生勿变今夕所允。”

陈梦家先生承继了他老师闻一多先生的诗情、才华与斗志，他说：“诗的灵魂——就是诗的精神——应当较之外形的修饰更其切要。”对国家民族，对中国文化的赤诚之心，确是他全部诗的灵魂与精神。先生庆幸自己听从了这位益友的劝说，《国史大纲》是中华民族危急时刻的历史见证，也是策划者与铸造者崇高友谊的倾情见证。“握笔追思，岂胜怅惘……”先生得悉挚友的悲惨命运，沉重的心绪全部凝聚在这八个字中。1957年，于考古研究所工作的陈梦家先生，被划成“右派分子”，1966年9月3日自缢而亡，年仅55岁。

孕育与向导之责任

2万多字的《国史大纲·引论》首度在昆明《中央日报》刊发，引论引来师生争相购买，使得学校四周零售摊点一度洛阳纸贵。争读之后必有热议，陈寅恪、张其昀赞赏有余，逢人必告；北大学生张君在上海喜获该书商务所印第一版，带回北平，几同学争阅不过来，索性整书传抄，滞留于北平抗战学士，大有“读此书，倍增国家民族之感”。钱玄同病床上读文后，发出“治学迷途”的自谦叹息。也有不同意见者，史料考据派的领袖傅斯年，读《引论》后，由学术分歧引发牢骚话：“钱某何得妄谈世事……钱某著作，我曾不寓目一字。”

《国史大纲》，以30万字概括了中国史的全程，就史体而论，是时代所需要的新通史，既采近代的新史体，又承传统的纲目法，是先生新通史编纂理论与方法的实际运用。其内容不仅侧重于政治史的叙述，也重经济、文化、宗教等社会生活方面的记述。

《引论》中，先生把近代以来的中国史学分为三个派别，一是传统记诵派，一是科学考订派，一是宣传革新派。在对这三个派别逐个辨析得失之基础上，他提出了“以记诵考订派之功夫，而达宣传革新派之目的”，他这一新史学观点，既注重材料的审订和考评，又强调治史的通今致用。先生在他的新史学路径中，始终把考据与义理，理论与材料藉以双途并重。换言之，先生一直努力均衡于“侧重考据的汉学”与“注重义理的宋学”这两种迥异的治学风格之间，执意坚守汉宋、今古双向兼容的主张。依先生看来，对历史研究注满了史学者的温情和敬意，就不会有偏颇和狭窄的治学路径。

应引起史学后人、以及我们读者在读这部通史著作时不该忽略的是，先生在其中倾注了同类作者鲜见的“文学与情感”。在《国学大纲》前言中他叮嘱读者：“凡读本书请先具下列诸信念——所谓对其本国已往历史略有所知者，尤必附随一种对其本国已往历史之温情与敬意。所谓对其本国已往历史有一种温情与敬意者，至少不会对其本国历史抱一种偏激的虚无主义，亦至少不会感到现在我们是站在已往历史最高之顶点。”

了解历史，才能产生温情和敬意，有了温情和敬意，才能真正融入历史。他说：“人类常情，必先‘认识’乃生‘情感’，人最亲者父母，其次兄弟、夫妇乃至朋友，凡其所爱，必其所知，人惟为其所爱而奋斗牺牲。”使得先生能够清楚地看到今日中国之所患——不在于变动不剧，而在于暂安之难获——源自他对中国历史含英咀华后酿造而成的情感和敬意，对“暂安之局”有着趋同的温情，他深感，只有先有“暂安之局”，才可能有“更生之变”。这种“更生之变”、“奋斗牺牲”，是在“认识”和“情感”的引导下，必然不会是无知的盲动，更不会是敌视的破坏，而只能是一份对历史的信心与责任。他说：“所贵于历史知识者，又不仅于鉴古而知今，乃将为未来精神尽其一部分孕育与向导之责任也。”

先生的《国史大纲》融化着浓厚的“温情和敬意”，其终极目的与意义则全在于——对后来历史有“孕育与向导之责任”。时任北京大学校长蒋梦麟，在详细读过《国史大纲》后，巧遇钱穆时有一段历史意义的对话。

“我读大作《国史大纲》已至第五编，好像感觉您叙述国史，优处太多，劣处则少。”

先生问：“所叙国史之优有不当之处吗？”

“没有。”蒋梦麟先生很肯定地回答。

“没有不当之处，就无妨将优处展开来多说说。”先生用意正在于此。他又说：“叙治史则详，叙乱世则略，拙著除了承继一般国史的这种旧例之外，还觉得矫枉必须过正。因今日国人好批评中国旧传统，却绝不愿道一其优处，我就想以此史纲矫正一下国人的偏离。”蒋梦麟先生点头道是。

接受多元，择善固执

“于客观中求实际，通览全史而觅其动态。”这是他在《国史大纲·引论》中所道出的写作路径，“通览”之后寻其“动态”，这个寻找和发掘的路径正是由“温情和敬意”注入和铺就。先生学生余英时1950年在新亚书院学习时，为了想比较深入地读《国史大纲》，把书中的多处精要之处摘录下来，以备自己日后治学参考。他也写了几条呈送钱先生过目，希望得到他的指点。余英时记得这是第一次在课外向钱先生请教，先生的话自然记得真真切切：

“你做这种笔记的工夫是一种训练，但是你最好在笔记本上留下一半空页，将来读到别人的史著而见解有不同时，可以写在空页上，以备比较和进一步的研究。”虽然是闲闲一语，但对余英时来说，却有“很深的启示”，因为“透露了钱先生他自己对学问的态度，用今天的话，他的学问系统是开放的而不是封闭的。”

“开放”这层意思，先生在《国史大纲》的“引言”和“书成自记”中也隐约地表示过，“须知学问乃大家公共事，非放宽路径，则一家之言，成就终有限”。余英时认为对他而言，究竟不及当面指点，直凑单微，来得亲切，来得深刻。

先生一再叮咛学生，不要过分注意断代而忽略贯通，他对专攻经济史的学生交代，不可把社会经济史弄得太狭隘，以致与中国文化各方面的发展配合不起来。在他看来，中国学问主通不主专，中国学术界贵通人、不贵专家，他走出了自己独特的“以通驭专”的道路：他重视“通”，希望在“通”的引领下，凭各人性之所近，分途摸索，然后不忘走向“通”。“通”中有“专”，“专”后有“通”，这一“通”到底，从主客观上都让他必然成为开放型的现代学者。开放，贯通，两者本身是互为因果的。

先生的开放系统自然能够抵拒门户之偏见，接纳多元，他主张：“学者不可无宗主，而必不可有门户。”

然而敞开门户，接受多元，以什么来防止良莠不齐、鱼目混杂？先生以“择善固执”作为自己路向选择、史料取舍的一道外围防线。

多元甄别时“择”什么“善”来“固执”，其实每个史学者心中都存有一杆秤，秤里有对道与术的不同取舍，先生所研究的有关学问之道与术，可以拿来试析。他举过一个例子，明儒王阳明幼年读书，塾师勉励他成为第一等人。阳明问“何为第一等人？”塾师答以“应科举，中状元”。阳明又说“恐怕是做圣贤才是第一等人吧”。这种辩论即属于道的辩论。如何去应举中状元？或如何去做一圣人？此必有方法与步骤，这就是所谓术。先生赞同道术兼备，就是说既有做圣贤这个大道的选择，又能掌握与之相匹配的那些如何去做圣贤的步骤方法。假如只有做圣贤的志向，却不知如何去努力，不知从哪些方面逐步修炼自己，那么道就不可能实现；反过来，倘若没有做圣贤的大道志向，就如那位塾师，他的道尚不如学生高深，也就谈不上会有高明的术参考给学生。先有道才有术，术必然跟随和服务于道。这是先生执善固执之一。

先生又言，学问有三大系统，随创造意志不同的三个等级，形成学问不同境界的三大系统。第一系统是“人统”。其系统中心是一人，一切学问，主要用意在学如何做一人，如何做一理想有价值的人。第二系统是“事统”，即以事业为此系统的中心，所谓“学以致用”，所有学问乃在对社会人群有用、有贡献。第三系统是“学统”，常讲的“为学问而学问”。这三个系统与中国人一向传述的“三不朽”：“立德、立功、立言”是相呼应的。他认为孔子为学出入于第一和第二系统，所谓“内圣外王”，孔子曾说“古之学者为己，今之学者为人”。在先生想来，孔子说的“为己”是指第一系统之学而言，以德流芳于世；孔子说的“为人”，是指第二系统之学而言，以功泽被天下。所以先生的执善固执之二，当为终极目标的第一系统，也兼属第二系统。

对历史投以“温情和敬意”，就有了接受多元，择善固执的基本姿态。

历史也可以是感性而文学的

中国的文学里常常放进真实的人生，“到唐代，文学艺术全都应用于平民社会，并以日常人生为主题。”先生对此的态度是肯定的：“这是中国文化史上一个显著的大进步。”因而他认为：文学的人生是求真的，中国的人生就是文学。先生主张史学者应依随时代的变化而对历史材料作出新的解释，这是史学者精神在历史认识过程中渗透的一个重要方面。既然中国的人生就是文学，“史学者精神”可着眼于文学，参透于文学，史学者用文学的态度描述历史，便是顺其自然的求真态度。

文学的叙述，也成了《国史大纲》中的一大亮点。其中有一段常被文学家引用：“罗马如一室中悬一巨灯，光耀四壁，秦汉则室之四周，遍悬诸灯，交射互映。故罗马碎其灯，全室即暗；秦汉则灯不俱坏，光不全绝。因此罗马民族震烁于一时，而中国文化则辉映于千古。”

人生是感性的，文学是由人生感性触发而来，文学的感性也可以运用于历史的展陈中，感性的历史才易被人们接受与感知。历史可以通过人生——孝道伦理延伸的一种人伦秩序——进行文学表述来获得互感，催发力量。正如司马迁的史学是一种“文学化的史学”一样，常有传说夹杂其中。余秋雨先生也认为，随着历史的延伸，“所谓‘客观’的历史几乎无从谈起。这一点，20世纪的法国新史学已经尖锐地指了出来，他们到后来只相信‘心中的历史’，或者说，只相信历史在集体心理中的个别投影。”

这个“集体心理中的个别投影”与“文学化的史学”，都是由集体向个别的参透，一般向个性的密授。先生寄于新通史的主要使命是：“在将国史真态，传播于国人之前，使晓然了解于我先民对于国家民族所尽之责任，而油然生其慨想，奋发爱惜保护之挚意也”。“国史真态”通过参透密授后的个性化感性文学来昭示，更易和我们的人生互感“其慨想”，也易激发起人们对历史的“爱惜保护之挚意”。

君子儒钱穆评传

卷六

立人，达人

JUN ZI RU QIAN MU

PING ZHUAN

为教育而出发

精神是富裕的

这点损失微不足道

新亚在艰困中，我不能离开

指导开发那宝藏的人

教育的长效功能

事业非职业

点石成金的手指

人的深加工厂

新亚师生人格的一部分

◇“教师的尊重之处在哪里，让我们细细来想一想——最可贵的是人，教人为人的人，岂不更可贵吗？由此想下去，那一位为中国社会创立师道的大圣人孔子，不是最该值得我们尊敬吗？”

◇由钱穆先生创作的新亚校歌歌词这样唱道：“手空空，无一物，路遥遥，无止境。乱离中，流浪里，饿我体肤劳我精。艰险我奋进，困乏我多情。千斤担子两肩挑，趁青春，结队向前行。珍重珍重，这是我新亚精神。”

◇“我有一报告，不是议案，不必讨论，我校要创办一个艺术系……”

◇进入21世纪的中国教育时常会走向奇怪的胡同，不见“人”，少见“人才”，更多见到的是“人力资源”。

◇他要让自己学生看到学者尚能受到如此礼敬，所研究的学问——中国文化还能被轻视吗？

卷六 立人，达人

为教育而出发

1949年春，国内战事日紧。这时广州私立华侨大学聘请钱穆与唐君毅去任，他俩正在江南大学共事，还有共同点，都不愿与政治靠得太近。政治的两派，一派表示要与“不能控制”的知识分子决裂、要划清界限，一派好想争取这部分人的力量，微笑着向他们作揖示好，并手往里让做出“请”的姿势。这时中国人民解放军已经占领徐州，不久就会渡江南下，他们接到邀请函后，尽管家眷生计顾虑很多，但在推力和引力的作用下，只有顺势行舟，很快到达了广州。

国民党政府大部分机关也已迁至广州，安顿后，行政院长阎锡山召集部分代表来会面，代表为一些国民党希望团结和争取的人士。作为学校教授资格的受邀者，惟有钱穆先生。国民党政府何去何从，先生即席发言：国民党已越来越失去民心，现如今无论是哪个组织哪个党派做主，无论是战乱还是和平年代，教育永远不能被搁置一边，它是延续中华文化精神的主脉；知识分子，是始终要保护和尊重的对象，也是永远要赢得的民心。会后先生自己感慨只是空炮而已，这时候恐怕没人听得进。

一天先生于广州街头意外遇见老友张其昀，其实这两天张其昀正在急切地寻找钱穆。去香港办学的设想，就这样站在街头听老友说开了，领衔主事当然非先生莫属。张其昀来自杭州，是浙江大学文学院院长，早年在上海商务印书馆工作时就与钱穆相识结交，极其赏识其才华。早在1943年春先生因他的竭力邀请，来到迁至遵义的浙江大学作了仅一月的讲学，后因要事不得已提前离去，改变了他在浙大长期停留的计划。先生一直“有负盛情”而深以为憾，正有一种补偿心理，到香港办学，恰又非常符合他的心意，当即就把这事拍在板上了。

所办学校校名初定“亚洲文商学院”。董事会成员仅有张其昀、钱穆、谢幼伟、崔书琴几人，后两位与先生分别在浙江大学、西南联大时有过接触。就这几人的董事会，还没集中起来好好商议，在这当会，张其昀却被蒋介石电召，要他去台北。动身去台前，他希望钱穆能同行。对于先生来说，比起只为办学而赴港的那种纯粹性、对他的吸引力，是去台湾所无法达到的。只为教育而离开大陆，才能回归到他为什么而出发的初衷。随侨大迁回总部所在地香港，在那儿自己办一所传承中国文化的大学，这是他当时惟一的目标。因此对张其昀只有谢绝了。

走了张其昀，不久谢幼伟得到印尼自由日报总编辑的聘任通知，也离开了这个未知数太大的亚洲文商学院。办学的艰辛，岂止只有资金、人员的匮乏？身心的奔走劳碌，责任的重压承担，只可一条路走到底的义无反顾，都难以用语言数字来描述统计。

为到岭南大学访问陈寅恪，征询他下一步会去哪个方向，有无可能一起去香港办学，先生特意去了趟大学所在地澳门。不巧他有事回了广州，先生只见到了陈寅恪的夫人，她表示决意要去台北，但寅恪留广州的态度之坚决，不输于夫人。听其他友人传言，一次见他夫人一人独自去香港，问她怎不见寅恪，她说自己负气一人走了，寅恪不听劝，宁愿夫妻天各一方也不肯离开大陆，友人闻讯坚持把她劝回了家。先生忙于办学未再往访，后来与寅恪更无一面之缘，办新亚时，先生多次去函邀其来港，均未肯成行。1969年，陈寅恪先生因“文化大革命”的纷扰早早作古。

因为对政治与文化孰重孰轻的比照掂量，留存于心中有不同的称重，天平倾向哪里哪里就是选择所向。

先生还叫上唐君毅一起，到广州乡间去访熊十力。熊的哲学和新儒家思想当时已闻名于国内。面对尊友与入室弟子的突然来访，十力既意外又喜欢，执意留客一宿，当晚谈论甚欢，但他无意离开大陆。不久熊十力先生去了北京参议国是，1954年移居上海，1968年“文革”中寓所被查封，身心受到摧残而病故。

先生希望能与自己一起办学，想到的第三人是梁漱溟先生，他这时正在重庆任民盟秘书长，并任教于勉仁文学院。先生托漱溟的熟友去函邀请他来广州共同赴港办学，但终究没有得到答复。早在1945年11月10日，离重庆政治协商会议召开还有整整两月，梁漱溟先生将代表“民盟”参与国共两党和谈，这一天他与钱先生有过一场趣味十足的辩论。

梁漱溟读完钱穆所著的《政学私言》一册，兴冲冲地跑到他寓所，告知正在筹划创办一个文化研究所，钱先生恰是合作者的不二人选。先生欣然应诺："好啊！什么时候开始？"

"待政治协商会议召开，获得众所期待的合作结果后，当即就进行。"梁漱溟先生继而大夸《政学私言》好似为政治协商会议进言而写。先生疑惑不解：

"书生论政，纸上谈兵，仅负言责，怎能付诸实施？若由言者操办，好像舍己田耘人田一样，最后必然把自家的田和别人家的田都废了。文化研究，是倡导后人来研究中华文化，兹事体大，当尽快开始。"

先生又说："政协会议恐怕不会协商出什么结果，没必要把文化研究和它的成败扯在一起。"

漱溟听闻钱穆此言，大不以为然："男大当婚，女大当嫁嘛，国民党与共产党两党对峙良久，他们不结合，国事安宁何日有望？"

"你的话不错，可婚姻大事得讲缘分啊，哪能还用父母之命、媒妁之言的老方法？现不倡导婚恋自由吗？"

"是啊，知其不可而为之。大任所在，我们总要为之作一切努力！"梁漱溟对钱穆的冷静分析只感扫兴，却又无可辩驳。

政协会议闭幕不久，国民党很快撕毁了之前的所有协定，全面内战不可避免。国共合作终究未达到"父母媒妁"的期望，只可遵从"自由恋爱"原则，有缘则合无缘则分。这被先生不幸而言中。

再来说先生争取的共同办学者，还有语言文字学家杨树达，与先生交往于广州中山大学，两人极其投缘，他面对选择也有过很多次的犹豫，但最终还是选择离开广州，到湖南追随革命了。

先生对他们的那份坚持，委实抱着"人各有志"的纯粹敬意的，虽然时局不稳定，他们依旧毅然决然地留下，足以证明当时一批知识分子对共产党新政权寄予厚望与信心的。他除了敬佩，也赤诚希望："果使中共政权成立后，能善体这番心情，亦未尝不可上下一体，共期有成。"

精神是富裕的

1949年10月10日亚洲文商学院正式开学。时无固定的校址，仅在九龙伟晴街的华南中学租到课室三间，出租地本身是学校，只能错开在夜间上课，并在附近炮台街租得一空屋，作为学生宿舍。实际上这期间的筹划工作，只有先生和崔书琴两人在张罗，有时崔夫人在旁有所主张建议，连同监督，加起来也就三个半人。教课就不能含糊了，先生除了自己任文史学系的一些课程外，请到在广州新识的张丕介也来合力任教，他这时在香港主编《民主评论》，来校兼任经济方面的课务。先生又与在侨大任课的唐君毅商量，把谢幼伟遗下的哲学方面课务兼任起来。还有张丕介带来了重庆政治大学的旧同事罗梦册，唐君毅的旧友程兆熊，两人也成为学校的新同事。程兆熊不久离港去台，在台北为亚洲文商学院招得新生20人左右，加上在港的新生40人，这样一共有60多人。到第二学期学生数量增至近100人。

上海商人王岳峰正在香港创业，对先生办学的艰难境况，出于同乡人自然很关注，几次交往又加深了他对钱院长的欣赏，他的欣赏只有尽自己所能来表达。于是在香港英皇道海角公寓租赁了几间屋，送给学校作为讲堂及宿舍使用，好安插自台来港的新生。先生和一些教授，日间赴港岛上课，晚上又赶回九龙上夜课，如此日夜奔波持续有两个学期。先生与唐君毅暂住九龙新界沙田侨大宿舍，平日两人轮番住到炮台街宿舍中，与学生同屋。不久王岳峰斥资又在九龙桂林街顶得新楼三间，给学校作新校舍。1950年10月学校迁至桂林街后，校名改为“新亚书院”，董事会也经改组。

开头创办时，每人拿出200元，共合800元，便是新亚的全部创办费。后续经费来源于像王岳峰这样友好商人的捐赠，其次为学生所缴学费。后一项收入实际仅得百分之二十，因学生来源多半为大陆流亡青年，其中绝大多数来自调景岭难民营，他们的学费是免交的。就这样他们的生活费仍无从着落，有的只好在学校天台上露宿，有的蜷卧在楼梯走道上。还有一些能正常交费的学生，一旦家在台定居，即中途离校而去；居香港者，录取后见学校如此穷困简陋，有的也会想法转移到别的学校。

新亚开办之初的学生黄祖植，八旬高龄时，于香港向笔者讲述新亚的不易，曾刊于校刊的打油诗他脱口诵出：“新亚穷，穷是事实，一块黑板，几把尺子，既无图表，更无图书仪器，家徒四壁。新亚小，小是事实，三间课室两层楼，中间隔着两块厚厚的木板。那边在上心理学，这边在上教育概论。”他撰写的《桂林街的新亚书院》有这样一段描述：

> 学校的楼下是纺织工厂，终日机声轧轧。对面是一座庙会频频的三宝佛堂；后面是一间潮州饭店，叫卖之声，不绝于耳；稍斜是一间弦歌不息的小舞厅。而楼梯的转角处，也常有难胞酣睡不起。

学生交不出学费，教授也就拿不到薪水，家有老小期望果腹的一些教授只得另谋营生，因而时有教授不得已而离开新亚。港政府那两年曾对学校就有关收支项目详查核定，确认新亚为香港当时唯一一所私立不牟利学校，这对于一个刚起步并困难重重的私立学校来说，是一个不小的荣誉。

学校除一名治膳食的厨师外，不配杂务工，以让贫困学生派充杂务，如扫地擦窗，可获少许津贴。这些学生虽生活贫穷，但精神是富裕的。先生以他的学术威望和人格魅力陆续为新亚吸引来了许多国内来港的名教授，在香港和国外都极负盛名。

除上述教授以外还有：赵冰，曾留学于芝加哥、哥伦比亚、哈佛、伦敦等大学的英国大律师、国立广西大学教授；卫申父，燕京、政法大学教授及复旦大学经济系主任；杨汝梅，美国密歇根大学经济学博士，历任上海、暨南、光华、交通、沪江等大学教授；任泰，清华大学毕业、哈佛大学研究院，曾任政法大学教授、贵州大学教务长；刘百闵，日本政法大学毕业，曾任国立中央大学、复旦大学教授……这　连串驰名身份，自有其积淀的历程，他们在学府中定然匹配着不俗的人文学术成就。学生们如在国内就读，一个大学里绝不会有这么多精英荟萃。所以他们也是幸运的。

这些著名教授既然愿意留下，自是对学校课务繁重、经费窘迫非常体谅，虔敬地服从钱穆院长的提议和安排。学校经费常紧巴巴地难以周转，教授们提供义务教育成常事。经费逐渐周转过来也只可按钟点计薪，众教授坚持要钱穆教授拿最高薪，一小时受港币200元，其他人依次而下，至80、100不等。有位后来在台湾中华学术院任“中华诗学研究所”所长的张维翰，新亚开创时候他也来任课，对先生说，您艰苦创学校，我恨无力相助，愿义务任教国文一课，以表同情。

在台北为新亚招来二十多个新生的那位程兆熊教授，与台湾省政府主席陈诚关系甚为密切，受到热情邀请，陈诚希望他留下工作。但他考虑新亚正艰难，自己无论如何不能抽身离去，坚持回港继续任课。学校没有住处，他在郊外自租廉价房，每天远途来校上班，从不迟到。

这点损失微不足道

香港大学中文课务负责人贺光中，时常来新亚访谈，期间，希望钱教授能去港大兼课，几次劝说都被先生坚辞拒绝。权宜之下，先生介绍罗香林过去两边兼课，自己作为一院之长须把全部精力放在新亚。但为了让香港学生、甚至国际学生共享师资，并开通更多途径扬播中华文化，他在新亚艰难创建时，又会毫不犹豫向外输出得力的教师力量。

有次菲律宾大学文学院院长来见先生商议一事，他们学校获得美国协款，将成立一个东方学系，想要聘请能任中国课程，并能用英语授课的中国学者三人，一人已从台北聘得，还有两人就想到了新亚的“人才库”，请钱院长推荐并放行。

成立东方学系，这对先生听来是天大的好事，于个人前途、于国家民族希望都有利啊，我岂能不放行？！委屈那些教授，在新亚所得薪水都不够一家果腹，得此机会怎可错过。虽是学校会少了两个好教授，但这点损失比起传扬中华文化，实在是微不足道了。先生当即表态这事马上可以定下。他思量，最可胜任的，毫无疑问是卫申父与任泰。他报出他们姓名后即又参起了谋，若按中国的规矩，由学校主动来函聘请这两位教师，我可在一旁促成，而不是按西方的习惯，先由愿意去任教者自己出具函件向学校申请，我所推荐的这两位只恐因手续繁杂，或有其他顾虑而不去申请，贵校则易在选择中陷于被动。钱院长的建议有道理，既已确定人选，就要由学校明确地伸出橄榄枝。来人表示赞同，说回去商量后即发聘请函。没过两月，他们对这两位难得的人才非常珍视，带了聘函直接又到新亚"亲来面呈"。卫申父与任泰不久便双双去了菲律宾大学东方学系，满期后又获续聘。

此后新亚教师越来越难求温饱，有熟人要办一杂志，请罗梦册去主持，先生正为同人考虑生路，对其辞去新亚职务不加迟疑，即表同意。

在艰困的条件下，钱院长尚且能为中国文化慷慨外援，学院条件改善后，自会更加慷慨。学生余英时摸熟了先生的这一脾性，1961年3月27日他给钱先生去了一信。这时的新亚，已是获雅礼协会援助第七个年头，早已走出困境。因一年前钱先生与他说好这年留美学成后回母校任课，但情况却有变，此刻哥伦比亚大学有个"丁龙讲座"——大学百年来固定的中国文化论坛，要请他去坐镇一个席位。回母校还是上丁龙讲座？这让余英时很纠结，还是请钱先生来定夺吧。钱先生接信后，正巧召开新亚月会，他不待回信，就抑制不住欣喜向师生们透露了自己的决定。

"从我想来，教授、系主任种种名位，我都不动心。但这个'丁龙讲座'的名义，却实在不同，我心下非常高兴，蛮想让他去，究是我们新亚的光荣。新亚不是一向说提倡中国文化吗？现在有我们新亚的同学去美国出任'丁龙讲座'，实在使我闻之心喜，因此在这次月会上，脱口向诸位同学先报告。"

余英时用不着纠结了，为了"丁龙讲座"，钱院长当然要大开绿灯。得意门生推迟一学期回母校来，这点遗憾换来主讲“丁龙讲座”，于钱先生看来实在太值得了。

后来因哥大有变化，余英时并未任课“丁龙讲座”，却也没有马上回新亚。尽管钱先生一再与学生通信中表示，由新亚送出去的访问学者最好都要回馈新亚的教学，至少一至两年，希望自己器重的学生不要破了这个例；钱先生在信中也从余英时方面考虑，认为回新亚有益于他的学问进一步提高。但那时候，余英时已接到美国另一所大学的聘任书，便自主留美多年，回港任中文大学新亚书院的一年院长，已是在先生退职之后。此是后话了。

新亚在艰困中，我不能离开

因全港贫困学生多集于此，友人王岳峰也竭尽所能无法再提供援助，新亚已到山穷水尽，董事会商议，只能由最负声望的钱先生赴台北，争取获得有关方面的支援，也许可维持一段时日。

1950年12月22日，先生带着新亚全校同人的心愿飞抵台北。

机场上有六人迎候先生的到达。虽是来请求援助，先生不改儒雅稳健的风格，他常能在会谈中给人带去新意和激情，看得出新老朋友对这次见面沉积着不少期许。在台北的几次接待宴席中，有人数次提及新亚的境况，先生并未马上接口。他观察所进米饭都是口感粗糙的配给米，教育部官邸在郊僻处，一切设备也极其简陋……不禁思忖，多方都有难处，自己的困境怎么开口说……欲言又止。一天，一直热心教育的居正设宴招待先生，他俩抗战时期于重庆便相识。

“听说学校在创办中很艰难，此趟来是向‘政府’有所请求对吗？”面对老相识的古道热肠和秋毫明察，先生没法再掩饰了，一下子就敞开心扉，把此趟的来由与居正说了个痛快……但观教育部门的拮据，实在不忍开口。

“这事您稍等待，我来做一安排……”第二天，居正来告，已代先生洽谈好，定于今晚在“教育部”程天放的寓所聚餐，届时“总统府”、“行政院”、“中央党部”均有负责人列席，可以一同商量一下。

先生在席上谈起了一年半办学的感受，没有渲染艰难，谈得最多的是同人的协力，师生的共勉。既然说开了，也要给资助一方有个具体的数字。他列了一下，各位任课的钟点费，再加其他紧急开支，全校每月至少需港币3000元，方可勉强维持。

到席的“行政院”副院长张厉生、“总统府”秘书长王世杰，立即承诺所在部门可以协助。王世杰表示，“行政院”拨款比较麻烦，须立法通过，款项要到明年开春才能拿到，而“总统府”协款立即可以支拨。

有了秘书长的明确表态，由“总统府”立即拨款，下一年的经费有了着落，新亚难关已可渡过。不仅于此，王世杰还承诺，万一香港有变，新亚书院学生可获优先来台，转各学校继续学业。他倒是没有提及教师及家属安置问题。先生到了凤山，受邀陆军官校做讲演时，又有了意外收获，在其宿舍楼中，见有十几座楼屋空置，总司令孙立人慨然允诺，可随时作为新亚教师的宿舍楼。新亚有了这两个“后盾”，再也没有后顾之忧了。先生回去后告诉师生，一片欢喜。

先生的最后一站，到了冈山海军官校，海军总司令桂永清听闻后，从出差地赶了回来，挽留先生停宿几日。第二日一同去游澄清湖，两人坐于沿湖草地上欣赏湖景，湖中有一山，桂永清对先生说：“留下来吧，在湖中山上定居，这可是读书胜地啊！”

“此湖如同仙境，就留在我梦里享用吧！新亚师生正在困惶不安中，我不能不回去与他们共渡难关啊！”

是的，这里有再秀丽迷人的山水风光、有再安逸宜人的读书环境，先生也不可能丢下那个教育半成品“新亚”留此享乐，这就是他所认定的“新亚精神”——瞄准一个目标，为办学，为教育，为传扬中华文化，走向香港，再苦再艰难也不会放手。

1951年夏，香港大学中文系新任系主任林仰山携同弟子柳存仁到先生府上拜访，师徒俩都是《先秦诸子系年》的忠实读者，其程度非同一般，是放在枕边反复诵读的那种忠实。林仰山竭力邀请先生到港大任教，先生无可商量，坚决回绝的还是那句话：“新亚在艰困中，我不能离开。”

林仰山退后一步：“钱先生不离新亚，来港大兼课，总行了吧？”

“新亚困难重重，我必须全力扑上，哪有精力再在校外兼课分心啊！”

林仰山再退一步：“您可否以港大研究员的名义来兼任？”

先生为他的诚意所感：“愿在必要时参加港大中文系集会，贡献意见，但以不任职、不授课、不受薪的‘三不’为原则。”话已到此，林仰山无法再过多勉强。

由先生创作的新亚校歌歌词这样唱道：“手空空，无一物，路遥遥，无止境。乱离中，流浪里，饿我体肤劳我精。艰险我奋进，困乏我多情。千斤担子两肩挑，趁青春，结队向前行。珍重珍重，这是我新亚精神。”

你自己想有所树立，就想到也要让别人有所树立，你自己想实现理想也要想到帮助别人实现理想。这是圣教孔子一言以蔽之的教育者希望达到的目的所在，原话是：“己欲立而立人，己欲达而达人。”如何做人，就怎么样教人，如何教人，就怎么样做人。一个注重修身的教育者，一个君子儒，教人、做人，两者只可能同行一辙，不会有做人有别于教人或教人不同于做人的相悖两途。

指导开发那宝藏的人

1953年初夏，美国雅礼基金会委派耶鲁大学卢鼎教授来香港考察，拟选定一家医院或学校，作为基金会资助对象，他首站是香港，还有两站是台北、菲律宾。卢鼎到港后因友人推荐，第一会见人便是新亚书院的钱穆先生。说明来意后卢鼎从衣袋中掏出两张纸，他要了解的问题早就准备好，共有三十多条，他说自己所提问题比较直率琐碎，还请钱先生万勿见怪。先生回答，无妨，尽管发问。

首条提问是：“您来港办学校，意在反对中国共产党吗？”

先生说：“教育是我终身志业所在，我在大陆早已从事教育几十年，办学校自有宗旨，绝不是为了反共。”

“您办学中得到了台湾的补助，有此事吗？”

“有，由办公费拨款相助。”

“以后如果得到我方补助，能不再接受此项拨款吗？”

“它本属暂时救急，如新亚另有资助，此款当随即请停。”

“倘若雅礼能出款相助，须先征得香港当局同意，您赞成吗？”

“可以。”

卢鼎又问他对宗教的态度。先生说，他对各宗教都抱有敬意，新亚学校对基督、伊斯兰教徒都广开校门，也有佛教寺庙中的和尚尼姑在校就读。他又说，但对近百年来，耶教徒来中国传教的有些做法颇有不满，随即表明自己决不愿办一所教会学校。

先生此时还没有得到对方的协款同意，就表露了“和而不同”的君子风格。他不会因为尽快得到对方认同和资助，就违背自己固守的准则——先曲意逢迎，待达到目的后，再作计议。他不会这么做！卢鼎告说：雅礼如果决定新亚作为资助对象，会派一个代表来校，双方由这个代表来接洽联系。先生又“不识时务”地对“代表”提了一个要求：代表来后，最好不要过问和干预学校的内政。

卢鼎很满意先生的所有回答，也欣赏先生的率真，且对他的“非分要求”还表示赞许。到了中午12点，三十多个问题全部问答完毕，连同翻译三人去餐馆共进午餐。席中只字不提协款之事，而离题越远谈兴越浓。

卢鼎从台北回来后，爽快地取消了菲律宾考察点，决意以新亚学校为雅礼的合作对象。

雅礼资助新亚，列出了三项预算，一年拨款一万、一万五、二万，让新亚董事会拿出可行性方案。先生即递上书面报告，年得一万，则另租一个校舍，一万五则顶一校舍，两万则买一校舍。卢鼎看了后，惊讶不已：“怎么从头到尾都是校舍？我知道你们的教授薪水微薄，生活窘迫，有这款何不考虑改善一下你们的待遇？您是否与学校同人好好商量一下啊！”

先生指着桌上一茶杯说：“如此小的杯子，稍微注点水就溢出，它能容纳的水量实在可怜，学校也是，必有一定的容量才有发展的可能。我们办学，只盼学校能快点发展起来，如为私人利益打算，早不在这里苦守了。”

先生又说：“我俩虽然多次见面，但您还没有去新亚看一看。如果学校没有一个适当校舍，很难期望有前途。”先生深知，大学之大非校舍之大，但没有像样的教学居所，连实施传道解惑的基础平台都没有。

其实作为雅礼派出的考察人员卢鼎，与先生几次见面外，还对师生就学校建设和院长印象做过侧面暗访。一次卢鼎自己来新亚，没有跟任何一位管理人照面，在课室外随机与几位学生作了长谈。又一次，他来出席新亚第二届毕业典礼，那时学校还没有会堂，在校外借得一处举行，结束后卢鼎留下聚餐，餐席中，他叫了几位教师到席外一一分别谈话。

直到1979年10月10日新亚召开三十周年纪念会，卢鼎动情的演讲里才袒露他定下新亚作为合作对象的心迹：26年前，我们雅礼在寻找一家受助学校时，那两天与 些师生交谈后更坚定了我对新亚的信心，我从新亚师生身上看到，对钱穆先生的那种敬重，和透过这种敬重所凝聚的一种精神，它们足以让我震撼，我深信这个学校必有前途。

先生迫切于教育，迫切于做好教育，是缘于他对教育有种高贵的认识，他认为，教人做人，教人求学，两者无可偏移，更不可偏废。先生这样诠释他所办教育的新亚精神：“拖着一个重病的身体，偏要写出一篇好文章来。这就是新亚精神，如果只是长文章而不是好文章，那么精神则无价值。”什么是好文章？在他来看，就是立人，达人，就是让学生感同身受于“求学的最高旨趣在做人”。他审定的新亚学规第一条便是：“求学与做人，贵能齐头并进，更贵能融通合一。”

先生以圣教孔子为榜样，他说：教师的尊重之处在哪里，让我们细细来想一想——最可贵的是人，教人为人的人，岂不更可贵吗？由此想下去，那一位为中国社会创立师道的大圣人孔子，不是最该值得我们尊敬吗？

先生扬继了孔子思想的教育真谛，把教育的可贵进行了清晰的描摹。他说：每一个青年人正如一大宝藏，而负责教导他们的教师，便是指导开发那宝藏的人。

教育的长效功能

新亚自1954年秋季获得雅礼协款，即在嘉林边道租一个较前稍大的新校舍，学生分于此处和桂林街两处上课。不久新亚又获得福特基金会的捐款，选定在九龙农圃道，由港政府拨地，建造新校舍，1956年暑期后落成并迁入。

好事接连不断，有了这些契机，先生可以一步步实现教育的追求。当雅礼对新亚有协款意向时，美国在港的亚洲基金会获悉后，新任主席艾维也向新亚表示，愿为在港的教育尽份绵薄。先生欣然接受这份善意，谈了自己早已心存的设想，办学校的目的在于提倡新学术，培养新人才，所以只要有条件，很希望在新亚办一个研究所，学校虽初具雏形，但实感为求新学术新人才的驱使，不妨碍办学者心志高远。艾维深以为然。先生对艾维说，研究所规模不妨简陋些，培养一个人才就可得一个人才用，不必拘泥于一般的办所条例。于是亚洲协会出资在九龙太子道租了一层楼，这为研究所创造了硬件。以供新亚及校外大学毕业生有志国学文化的少数学子继续深造进修。直到1955年春，哈佛燕京社垂青新亚，为研究所再添薪火与软件。

这天哈佛雷少华教授来访新亚和先生。钱院长谈了他创校的心迹：所有的过程都是为目的服务，创办学校不是为了大伙同人的谋生，实为阐释和弘扬中国文化，培养优秀中华文化的传承人才，所以学校虽小也要创办研究所，何以如此？先生这样说道："科学经济等学科可以出国深造，惟有中国自己的文化传统学科，非得由中国人自己来尽责不可。"

雷少华连连道是。他了解到，新亚研究所的研究生不受薪水，依香港的同期情势，大学毕业生应该独立营生，不再依赖家人供给了。雷少华当即代表燕京社承诺，要为研究生解决生活费，供以奖学金，每人每月港币300元，再加上研究所需要的书籍，让先生给一个预算。

"我还有一个条件，要在此报告。"先生说。

雷少华面露诧异之色，研究所除了奖学金、书籍等开支需要外，还有什么条件？

"研究所的一切进行新亚自有主张，但哈佛出了款，我们须逐年向哈佛燕京社作一成绩报告，才能心安。"先生随即把他希望向出款方架设的学术催进通道，详细描述了一番。

研究所上轨后，要出一份学报，专门刊载研究所导师与研究生的最近著作与研究论文，定期发表，在学术汇报于哈燕社同时，还可以使外界了解我们研究所的精神所在，也为全世界汉学研究添一支生力军。此事需经费极少，但它能督促研究所向前求进，功效不可低估。

原来，先生是在自设条件，自加压力。雷少华欣然赞许。

孔子说："见贤思齐焉，见不贤而内自省也。"遇见贤人，当思与之齐等，遇见不贤之人，当自反省莫要自己亦和他一般。这是教圣一语道出的教育的长效功能，是一种授人以渔式的、非短效的修身方法。这就是教育的功能，没有什么社会事业，比起做人树人的教育更为紧要的了。《论语》中还有一句话：择其善者而从之，其不善者而改之。那么什么是善，什么是不善，标准是什么。这些标准依据不可能自己跑到人的心里去，这便是"善教"的功能与职守。先生认识的"善教"是："应该把'传道'、'解惑'放在第一位，其后才是'授业'。"

事业非职业

有种社会潮流，把教书当作一种职业，等同于其他谋生手段，先生对此很感悲哀，他说："专知有职业，其实是人生一痛苦，必待有事业，才是快乐的人生。我要教导此一批穷苦孩童，使他们懂得做人的道理，将来对社会有用，这就是我的事业了。"

（写到这里，自然想起所熟知的报纸出版从业者，常会对手中的神圣工作戏说"赶活"、"码字"、"挣工分"，这种表述，流露的正是"职业心情"，而非"事业心情"，不同的心情去支配工作，会有朝向痛苦或快乐行进的两种不同的人生体验。）

对职业与事业的感受的区别在哪里？先生又说，职业往往是社会所要求于我的，而事业则是我在此职业上善尽责任外又能自我贡献于社会的。教师工作倘若仅看重学生那张文凭的，便是职业；而重视对学生精神、志向方面的培养，则是事业。他以为，在精神上获得的那份满足与快乐，也就是教师获得的无比报酬了。

将精神满足视作人生的最大快乐，甚或只帮学生拿到文凭自己也凭此解决谋生问题——这两种心情与态度似乎可以作为“君子喻于义，小人喻于利”的交互辨析。但不应忽视一个前提，要让传道解惑的教师衣食无忧，在经济生活上有足够的尊严，才会可能心无旁骛，才有可能担当起这份神圣事业。社会心理的形成与转变，是一个师道推广及普遍尊崇的互动过程，如果要让教师自身不将此工作视作不得已而为的职业，我们作为非教师的“利益局外人”有责任替代请愿，呼吁给予教师足够高的待遇，现今至少高于公务员。此话不应待从职的人自己说出来，那将陷于“喻义”还是“喻利”的纠结，一旦自身缠上这种纠结，终将只能“职业”而很难“事业”了。

没有哪一行工作要比教书育人的教师，其“事业”特性不可被“职业”混同替代，更加的重要！

点石成金的手指

教育定要有孟子意义的善教，因为教育的职责太重大了，教育决定着未来。一代代新人都是经由教育走上社会的，教育者的精神素质、方法理念将决定未来国家数十年乃至上百年的精神水准和社会面貌。由此不可不知教育职责的重大。

新亚研究所获得哈燕社协助后，开始正式通过考试和面试招生。研究所因各方面条件改善，求学报考者明显增多，以什么标准取舍筛选，则由所外成立的考试委员会来决定。考试委员会聘得港大的刘百闵、罗香林、饶宗颐三人担任，又请香港教育司派员监考，学生经过综合考试程序录取后，修业两年。毕业证的取得，也要观其两年中的修学表现与学术成果，再须通过所外考试委员的阅卷口试，合格后方可获准。每届毕业生会被择优留所继任研究员，其中有长达10年以上者。

哈佛燕京社出资一年后，他们邀请新亚选派一位年轻教师赴哈佛访问，余英时是新亚的第一届本科毕业生，正当留任研究生，则以助教名义被派送前往。一年期满又获延长一年，后加入哈佛研究院攻读博士学位，毕业后留校任教，传授中国文化。余英时可算是新亚派赴国外留学的第一人。后研究所又派出何佑森、罗球庆、孙国栋等赴哈佛访问。又一年，美国华盛顿大学以优厚待遇邀请新亚选派一位研究生前去教学访问，他们派出的是余秉权，去后任知名政治学家萧公权的助教，任期满又获得该校学位，后回港任职港大中文系，不久又赴美国某资料中心，出版及宣扬华文书籍历经多年。此后新亚研究所及大学部学生远赴美欧及日本各国游学及任职者，不胜枚举。中华文化就这样，经由新亚这个窗口，源源不断向东西方输出和传播。

就在研究所开办之时，走过6年的新亚，经先生反复斟酌，确立了学校的校训为《中庸》里的“诚明”二字。先生在校刊上撰文释义：“‘诚’字是属于德性行为方面的，‘明’字是属于知识了解方面的。采用此两字作为校训，正是我们一向所说，要把为学与做人认为同属一事的精神。”

《中庸》告诉我们，明则诚矣，诚则明矣。先生有过阐释“诚明”二字——真诚反省自己就会明白什么是善的，什么是真的；反之，明白什么是真的，什么是善的，就能够真诚地反省和提升自己。先生推崇唯心哲学，他认为，专讲功利思想，就会脱离群体，便会转向唯物哲学。唯物哲学有大知，但无大德，其之所知，却既不诚又不明。

先生以心中的“诚明”来反观唯物哲学，来阐扬唯心哲学，并一路默化于他的教育理念。有一天两位新亚毕业生来到钱院长室中告别，他们即将赴国际南洋大学留学博士，一位同学的话让钱院长有些兴奋。“四年来在新亚，不敢说学到太多东西，但自信是多懂了些做人的道理。”钱校长在一次全体会议上，兴致勃勃地把这位学生的话告诉大家。他说，“这位同学实在说得很得体，使我听了心上无限愉快”。

先生常会在讲故事中消化他的“诚明唯心哲学”，有次在与专修科学生集会时这样讲道：从前有一故事说，仙人吕洞宾能点石成金。他遇到一乞丐，把一块泥石用手指一点成了金，给那乞丐。但乞丐不要那金，却要吕洞宾那手指。我们在学校学到的知识和技能，纵有价值，也仅像一块块黄金。什么是能点石成金的那手指呢？你们应当知道，是你们自己，对，是你们自身，经修养锻炼出的理想品格，才是那点石成金的手指啊！

先生与同人笑谈，光交给学生绣鸳鸯的功夫还不行，还要交给学生那绣鸳鸯的针线。此“针线”会是什么呢？

人的深加工厂

新亚书院创办不久，“文商农”各系成熟后，1956年1月放寒假前一天，先生在董事会上宣布：“我有一报告，不是议案，不必讨论，我校要创办一个艺术系，经费有困难，下学期先添设一二年制艺术专修科……”这番话后，专修科即成立，后又增扩为艺术系，社会影响很大，吸引众多生源。

在新亚艺术系开办得有声有色后，当时也在会上听院长报告的一位董事，是美国人，后来每次见面，就会以“此乃报告非议案”的戏言，来回味钱院长当初斩钉截铁的拍板。因此拍板，学校才有了这一个艺术系。

艺术系正是被先生力避好事多磨而一手促成，此外，在行政制度化、教课学术化的“两化”之上，他又着重强调生活艺术化。他要求，娱乐活动不可少，且要艺术化，于校园里推行棋类、太极拳、中西音乐等文艺项目。

因为艺术修养会伴随着一个人的一生，会影响人在事业、工作中的视野和情趣。美国普林斯顿大学也认识到这一点，放弃了商学院和法学院这两个大学里几乎是最赚钱的学院，却大力发展一个看起来最不赚钱的专业——艺术系。在普林斯顿大学校长看来，这些看似无用的课程相当重要。英国人纽曼因《大学的观念》一书而闻名，他在其中恰恰提到“通识教育”这个命题，通识教育的目的就是不仅仅培养学生有实用性的专业知识，而且更要有多方面的修养，成为全面发展的人才。在心灵的健全发展中，他认为文学艺术是不可缺少的重要成分。

新亚关注着学生知识技能之外的道德素质、人格素质和心灵的艺术素质，深知教导的是人，“人才”须由合格的人来担纲，绝不能仅凭一纸试卷来量化人锻造人，不将教室、研究所成为流水线，而是人的深加工厂。说到学校作为人的深加工厂，先生对此有形象的比喻，“如果像在工厂里用机器大量出产的货物，未免有些粗制滥造，断不如手工艺品之精美”，“今天的教育如果只讲普及化、大众化、论量不论质；只问事业所需，不问性情所宜；只求成才，不求尽性”，他认为是断不可取的。先生所指的“尽性”、“性情所宜”，恰是他交出的“功夫针线”，是他所掌握的对人的锻造与深加工的“核心技术”。

现在进入21世纪的中国教育时常会走向奇怪的胡同，不见“人”，少见“人才”，更多见到的仅仅是“人力资源”。

新亚师生人格的一部分

自1954年秋获得雅礼常年协款后，先生与新亚在此后二三年中好事不断，1955年获哈佛燕京社资助并成功开办研究所，同年获得港大名誉学位，随后又与胡美琦女士喜结良缘。三大喜庆接踵而至，这在当时大批来港人士中传为美谈。

香港自1949年后，与新亚同时崛起的私立大学有十几所之多，惟独新亚获得美方协款，香港教育司与香港大学同仁都对先生既羡慕又敬仰。敬仰是因为他们看到了，新亚书院由儒学思想铸造的人文气质，成为国内外许多学者慕名而来的强大引力，这里的人文气质，正是一种特有的新亚精神。低劣物质条件下教育者对教育的诚恳与抱负，成为一种真精神赢得青年学生的倾服，之后即使物质条件改善，那股子真精神，已铸成每一个新亚师生人格的一部分。同仁们深知，是这种精神产出的软实力才会引得雅礼哈佛的青睐。因此在同行同仁提议下，同年先生在香港大学夏季毕业典礼上，被香港总督宣布授予港大法学博士名誉学位。港督葛量洪爵士于典礼上说：“钱先生系一著名的华人学者，他这次接受本大学的法学博士名誉学位，为本大学增光不少。”

先生深悟孔子所言，唯名与器，不可以假人。意思是唯独礼器与名爵，不能够借给别人。先生之所以欣然“假人”、以自己的身份接受名誉学位，也有“名爵假人”之意。但这是他的醉翁之意，他要让自己学生看到中国文化学者所受到的权威推崇。学者尚能受到如此礼敬，所研究的学问——中国文化还能被轻视吗？

卷七

文化的选择

JUN ZI RU QIAN MU

PING ZHUAN

破旧开新大堪惋惜

政治工具，中华文化弘扬，孰小孰大？

文化实在而不虚幻

保持文化的独立与尊严

儒家思想也有缺陷

文化的正道与偏离

文化需要对经济的声援和扶持

互相消融——互敬文化的先见之明

中西文化相见而欢

中国文化体现在每个人身上

道不可被术掩盖

文化的仁善

◇文化人士的真正功用是超出政治范畴的，纵览全局客观评判，权衡得失发现利弊，都必须有担当的文化人跳出政治窠臼，立于宏观的方位视角。

◇捧《论语》者有意疏远握算盘者，于是两者分道而行，终久握算盘者的经济行为失去了文化学者理性力量的支撑，而难以为继做大做强。

◇先生在他65岁时，猛然为中华文化警觉到，对经济未加特别扶持的失责之虞。

◇只专不通，不仅仅是学术上的一个问题，先生以文化的“仁心”，获得敏锐的直觉。如果把精力只放在文化的细枝末节上，是一种文化垃圾的制造与堆积，非但无益于社会，还可能阻碍其进步与发展。

◇君子儒，也是具体而微的，一个具备仁善和普世价值的文化学者，便是一个真正的君子儒。

卷七 文化的选择

破旧开新大堪惋惜

1927年秋季，33岁的钱穆先生转入苏州省立中学任教，苏中三年，他访遍了苏州的名山胜迹，园林古刹，他对苏州不善保存文化遗迹，甚感心痛，发出“大堪惋惜”之语。苏州的史迹保存在发展建设过程中，与其他城市有着相似的弊端，破旧开新，史迹全非。

先生感喟道：学术思想的抽象资料尚由图书馆所藏，而这个城市可触摸的立体影像，可参观的先贤的多维人生，在图书馆是无法收藏的，这些珍贵的第一手“影像资料”，只有被后人好生保护在同一时空，一旦毁弃，便从此为真正意义上的灭迹，再也无踪可寻。

苏州中学正是清代紫阳书院的旧址所在，如今这两者的关系越来越模糊，以至“紫阳书院”完全被“苏州中学”重叠覆盖，少为人知道后者的前世。先生为苏州中学彻底易名而不存“紫阳”二字大感遗憾。

1930年前后，苏州中学内外流传一句话：“昔有王国维，今有钱宾四。”他们两人先后在此任教，学校讲台在短时内登临两位文化大家，在其他学校并不多见。实际上苏州中学内外的“紫阳书院”、“王国维”、“钱穆”等“影像实景”，到现在已剩寥寥，无可供人触摸到久远的文化气息和大师的精神魂魄。

（笔者2010年5月去苏州耦园寻访钱穆先生的第二故居，耦园现属苏州著名景区，导游对园区主人知其一未知其二，只听他兴致盎然地介绍原主人，清初沈秉成夫妇在此双宿双栖，这是个爱情的园林云云。我询问钱穆先生一家人在此有无居住过，导游一脸茫然，喃喃道：没有听说过啊。随后他如数家珍：XX武打片、XX广告片何时在此拍摄……我在另一个讲解员口中总算获得肯定的答复，钱穆先生与家人的居所在这幢木质楼的二楼。但楼梯口有“游客止步”的字样，无可举步。再向他打听紫阳书院位于何处，又陷于茫然，而办公室的专门管理人员这样回答我：苏州哪有紫阳书院？笔者感叹，倘若清代来人，时隔仅一个世纪，所遇全是陌生的影像信息，真有外星球般的感受。）

法国诗人兰波对当今的城市破坏发出呻吟：“所有的情趣都躲进了室内装潢和室外装饰”。当然我们不能因为“玩文化”而不顾民生的生存环境，但是，改善民众居住生态与保留城市文化遗迹，这两者并非是一对不可调和的矛盾，可以兼顾，可以有一些“室内装潢”，以利改善居住状况，而把城市情趣寄托于“‘室外装饰’的手下留情”。

此城市与彼城市的区别所在，就在于保留城市独有的个性情趣与历史风貌。长期以来，许多有识之士为此曾经无数次呼吁，希望有关领导和权力部门能珍视重视钱穆先生等有识人士的呼吁，让“权力景观”、“行政景观”对城市原迹的拙劣覆盖少些再少些，以使钱穆先生的在天之灵不再痛心惋惜……

这种追新逐旧的文化选择，虽然也是从意识形态出发，却反映落实在城市的外形外貌上。还有许多的文化选择似乎一直斡旋于意识形态、精神生活等上层建筑里，来看看它们投影于经济基础、社会生活各层面，又会出现哪些“蝴蝶效应”……

政治工具，中华文化弘扬，孰小孰大？

孙中山先生病逝北平的第二年春天，1925年四月的一天，原后宅小学同事国语教师赵君，从沪上匆匆赶来，神秘地约先生至师范学校外的小旅馆会面。一见面，赵君即告，他已加入国民党，这次特意回无锡邀请先生加入。先生没有表态。

不表态比起一言回绝，对说客来说是利好的，起码有百分之五十的希望。临别他留下中山先生的《三民主义》，郑重地对先生说，定要抽空一读，我下周再来听你意见。

一个星期后，赵君又约先生至小旅馆会面，急切地询问书读了没有。他答，已一字不差地读过，感受是“震撼佩服”，且震惊的程度是读所有现代人著作从未有过的。既是这样，还犹豫什么？赶快入党吧。先生说，这事我已思考过，倘入了党，为一党服务，效力实在有限，如果以后研究深入，我定会致力广泛阐扬。

赵君想不明白，既认可佩服国民党的党章党义，何不置身其中，为其效力？一般的逻辑，只可能是加入，而不应是游离在外啊！“余意已决，幸勿再劝。”先生毋庸置疑地作了回应。说客一心只希望得到期待结果，往往陷入不厌其烦的劝说，面对赵君的一门心思，先生反感又无奈。

有多少人和赵君一样能想明白呢？文化人士的真正功用是超出政治范畴的，纵览全局客观评判，权衡得失发现利弊，都必须有担当的文化人跳出政治窠臼，立于宏观的方位视角。先人早已告诉我们，识得庐山真面目，只有走出此山中。为中国人尊一先圣大贤，弘扬中华文化精神，是先生孜孜以求的生命目标与方略。他需要独立，需要“边缘”，需要“教育”的这块实验地，来实践文化的薪火相传。

文化实在而不虚幻

现在我们常站在宏观的文明视野中，去“庆幸”屈原、苏东坡，他们被贬谪放逐之后，远离了政治，或起码在相当的时空中远离，回归了文化的属性，造就了千载吟诵的篇章，留给世人的是政治所无法企及的文化人格的魅力、文化仰视的高度。然而这毕竟是被动的，甚至是被迫的。那么为何不能包容与庆幸如先生这样的文化人士，主动自愿地抽离“此山中”，以一个宏大的主题索引，进入僻静的审视旷野，平和地回归文化本位？李白的《江上吟》诗中有两句话很耐人寻味：“屈平词赋悬日月，楚王台榭空山丘。”意思是诗人屈原的词赋与日月同辉、和天地共寿，而喧嚣一时的怀王宫殿、襄王楼台，如今安在？缥缈无存，只留下空悠悠的山丘。

缥缈而短暂的属性，常是政治而非文化，文化的功效并不虚幻。抗战爆发后，先生随北大迁至昆明西南联大任教，有一批联大学生即将奔赴江西前线。他听闻后来到学生身边，劝告他们：“《孙子·谋攻篇》中说：知已知彼，百战不殆；不知彼而知己，一胜一负；不知彼，不知己，每战必殆。我们要熟记。”他语重心长地吩咐：你们去前线前，首要的事是要略知军事地理，最好随身携带顾祖禹的《读史方舆纪要》，其中的“江西、湖南”两章要细加阅读。

“我观察日军来犯的行程，推断日军中必有熟悉此书者。他们在天津，不沿京津铁路进军，而是改道破涿州，切断平汉铁路，这样北平就在包围中。又比如，他们在上海不沿京沪铁路向西侵犯，却广备船筏，从太湖直接进入安徽广德，这就到了南京的腋下胳膊肘边。那是历史上军事相争必攻之地，却又走了我军极少防备的路线，真是机关算尽！我们不‘算’就要吃败仗啊！”

学生听了钱先生一席话，感到事态严重，只有临时抱佛脚了，这总比人家长期抱佛脚而我们连佛脚都没摸过要好。大家散后都去书肆买书，却已经买不到，师生把这情况告诉校方，由校方设法从重庆成都书店搜寻。

敌我双方常常形成互为老师的局面，如果一方只有大大咧咧地输出做老师，没有获取对方的情报、认对方为老师，这一方就很可能陷于“每战必殆”的境地。文化，就是教你如何地做老师，又如何地做学生；什么时候可以做老师，什么时候必须做学生。文化确是实在而不虚幻。

保持文化的独立与尊严

1949年春国民党力邀知识分子反共，先生对前来游说的国民党政府行政院长阎锡山规劝："国民党已失去民心，当务之急还是办好教育。"8月，国共双方的决裂之火已硝烟弥漫，任何建议都会被一方认为是反革命，先生的一贯主张这时重又提起，显得不合时宜不识时务，他希望国家统一独立，统一就不要分裂，不要战争；独立则不要倒向苏联或美国。中国共产党领袖毛泽东以强硬的姿态表示，不得民心就该打倒！在公开刊物上发表了一系列评论员文章："革命不是请客吃饭，不能那样雅致，那样温良恭俭让，革命是一个阶级推翻另一个阶级的暴力行动。"并点名批评"一小撮"知识分子至今还没看清形势，主要点到了三个人的名字，他们都是先后从北京大学走出去的教授，胡适，傅斯年以及钱穆。

亚圣孟子有言：善战者服上刑；老子说：战胜，以丧礼处之——构成了儒道相似的"反战"立场。在先生看来，儒道思想，特别是儒家文化是中国人贯穿始终的基本价值系统，为了这一个价值系统的薪火传递，1949年秋，先生与同道者远离战火，毅然来到香港，全力办起播种中华文化的桃李事业。虽然历史的粗线轮廓显示由暴力来书写，但暴力的追随不具有普适性，少数怀抱文明、固守冷静的孤独文化人，必然有他存在的合理性。

明末政治家、军事家史可法一直反对清朝满洲政府，但满洲皇帝得朝后并没有禁止扬州当局在瘦西湖建造史可法遗迹。这是政治博弈之后，留存了文化的独立与尊严，沉淀了文化的理性选择。

子曰：吾不试，故艺。意思是，不大用于世，故能多习于艺。也可以理解，不大功于世故，才能专心于学术、教育与文化。“试”必“不艺”，“艺”必“不试”，它是此消彼长，彼消此长的一个得失守恒定律。子夏有曰：“仕而优则学，学而优则仕。”先生在他所著的《论语新解》中对此解释为：仕者有余力可从学，学者有余力可从仕。学与仕并举，也许可以获得互补的修炼与提升。但是他认为要有余力方可兼顾，否则的话就是“不优则不仕”，学者没有余力则不要在仕路上硬去发挥。先生认为：“学术有别于政治，学问事业有别于社会事业，分工合作，而不可包办顶替。”

文化对社会政治究竟如何产生影响，先生有这样一段议论：“学术影响政治，影响社会，此须有真功实力，亦须有外面机缘，种种条件配合，始可有此期望。否则空言学术救时，学术革命，究不能如开银行支票般立时兑现。让我们且把那些救苦救难时革命的大担子卸下，大呼号停止，真跑进学术界。等待学术界新风气出现，才可有新人才，新学术。到那时，不愁它对社会国家不发生新作用。”很明确了，文化不可急功近利，文化要靠含英咀华的持久内功来对政治对社会发生功用。

文化的独立性回归是一个方面。同时不否认文化与政治时有的交互状态，两者协力时，应改变文化属于政治的附庸、随从甚至奴婢的景况，应赋予文化宏大的秉性，是文化大于政治，文化引导政治，而不是政治凌驾于文化之上。文化与政治常会发生的错位关系，很值得我们去思考。

文化是引导，而非受凌驾，先生举过一个例子告诫当代史学者。中国历代政府，一直保留有史官之设置，把每年每月每日大事，随时记下。唐太宗时，他曾向史官讨他们的记录看，但史官拒而不许，理由是：“史官所记，是供给后人看的，你是当事人，不便看。”唐太宗也没法坚持要看了。这是中国文化人之超然独立之不受凌驾的一次模板。

文化代表着人文理想，政治是人文理想的制度落实，人文理想与制度落实，孰大孰小，谁引导谁，则是显而易见的。

儒家思想也有缺陷

儒家思想是中国人所推崇的君子人格的滋养剂，但儒学宗师钱穆在获得其深深滋养之后，并不避讳分析它存有的缺点，他在《文化史导论》里指出儒家思想的三个缺点：

一是他们太看重人生，容易偏向于人类中心、人类本位而忽略了四周的物界与自然。

道家的“天人合一观”则在这方面作了补缺，先生95岁高龄时写文，认为“天人合一”是中国文化对人类的最大贡献，这是其一。

其二，因为儒家思想偏向于人类中心、人类本位，中国的宗教，有史来被人为的政治学理所包围，先生称之为“政治性的宗教”。正是“政治”的包围，导致人为之心强化，敬畏之心薄弱。“牛鬼蛇神”在一并扫除之后，人心也变得为所欲为，缺失了在人心之外对“神明”的那份敬畏。胡美琦在她的《楼廊闲话》（此文从钱胡夫妇闲谈资料中整理而得）中说到，“中国人太看重人事力量，而不看重人事之外还有一个‘天’”。先生评价中国的佛法说：“教育的意味深，宗教的意味浅，显然中国的佛法更偏重在学理而偏轻于信仰。这又可说是中国文化一种特殊精神之表现。”

不难发现先生对高僧乃至中国佛教的认识饱含极大敬意，佛教与儒家思想结合后，他认为中国佛教“个人出世的要求淡，而为大众救济的要求浓。”但反过来，统治阶级长期来对佛教的那种反反复复接纳与排斥——分分合合，造就了统治中国的精神大典——儒家思想中包含的宗教信仰薄弱，因而就会轻视人事力量之外的那个“天”。

他认为儒家思想的第二大缺点是，太看重现实政治，容易使他们偏向社会上层而忽略了社会下层；常偏向于大群体制而忽略小我自由。

从朝廷宗庙向千家炊烟、万家灯火的民俗文化转移，已经觉醒于先生的文化史观中；“小我自由”在这里是相对于社会功利的约束来说的，是个性自我的确认和个体精神的独立价值意识正在唤醒的兆头，这在重视道德功利对社会改造的统治意识下，确是一种可贵的觉醒。当代哲人说得好，一个对自己个性和生命意义麻木不仁的人是不可能对他人有真正的同情之感、社会有真正的责任心的。先生在半个多世纪前，率先就有唤醒个性精神的文化责任。

第三大缺点，先生认为因儒家太看重社会大群的文化生活，因此使他们容易偏陷于外面的虚华与浮文，而忽略了内部素朴与真实。

由于偏重于外部的虚华，弱化了内部的务实，使得中国文化时常会偏离它应有的职责轨道。以下几题所述——《文化的正道与偏离》、《文化需要对经济声援和扶持》、《道不可被术掩盖》，便是笔者沿着先生的目光，对中国文化职责偏离、轻道重术的虚华使然有所剖析。

文化的正道与偏离

自秦汉以后，中国社会朝着一个理想的方向演进，直至隋唐大一统的盛世局面，先生以此认为，“此种政治社会各方面合理的进展，后面显然有一个合理的观念或理想为之指导。这种合理的观念与理想，即是民族历史之光明性，即是民族文化推进的原动力。”以文化学术为历史推进动力的一种文化史观，无不渗透在他的众多历史著述中。然而文化对政治的引导时有偏离，其失责失控似不表现在古代，而是近代鸦片战争之后。

先生认为，近代文化表现得脆弱而偏激，全盘排斥和否定传统政治，并对传统文化也一起怀疑并试图推倒。五四运动前期，知识分子带头呼吁：“一切历史上的政治，只要有了一个皇帝，便是坏政治，便要推倒。”对历史前期的政治歪曲评价，并误伤整个传统文化，就会对近期政治发生误导，先生深以为忧，著文《中国传统政治》说到：“以后满清是推翻了，不过连我们中国的全部历史文化也同样推翻了。因对于历史上的传统政治不满意，而影响到对全部历史文化传统不满意……我们不该单凭时代意见（民主革命的要求——作者引文时加注）来抹杀以往的历史意见。”

先生始终反对那些怀疑一切推倒一切的做法，坚持为传统政治所戴上的“专制独裁”这一坏名声摘帽。他说“中国秦以后的传统政治，显然常保留一个君职与臣职的划分，也可说是王室与政府的划分。皇帝不能独裁，宰相同样的不能独裁。而近代的中国学者，偏要说中国的传统政治是专制是独裁。”

我们可以看到，唐代推行三省制：皇帝诏令，不经宰相、副署审核不得发出，其限制君权的作用是显而易见的，连“独裁”呼声最高的张君励不得不承认三省制“自为吾国政治上之善制”。

先生虽力挺中国传统政治是“君主专制”，却不否认，中国传统政治发展到了明代发生了逆转和恶化，承认明清两代为“君主独裁”。但终究不该“掩其善而著其害”，按照儒家思想建立起来的科举制、台谏制、封驳制、铨选制、宰相制显然在长时期历史中，限制了君权，而非助长君权。说到科举制，不能不重彩一笔，中国历史没有世袭的贵族阶级，正是得益于全国上下的科举考试制度，特别到了唐代，科举以高素质的才情、品学为选拔标准，任何贵族或富人，甚至皇帝也不可凭着主观意愿为所欲为地来指派确定人选。

这些“学治”的“士人政府”制度，正是文化对政治有效的同期制约与引导。

文化需要对经济声援和扶持

再来看看历史上文化对经济的改造或影响，又如何？先生设想，文化指导政治，经济则交给政治来治理。他说：“人类文化的正常状态，应该由学术文化来领导政治，再由政治来领导经济”。事实上，经济往往被文化与政治一起所孤立了。作为文化史观的主要发言者钱穆，对社会经济的构建虽有研究，但文化如何有效关注和支撑、扶持经济（商业经济，直到以后的科学经济），是他有所忽略的，当然不是他一人之过，这是中国文化的整体忽略。

“到汉武帝时，定出法规，规定读书受教育的人才能做官，做了官的人就不能再经商做生意。而且规定有专利的大商业都由政府经管，人民经商所得税又抽得很重。在这种情形下，中国便走上了‘统制经济’那一条路。这时候，封建制度推翻，私人经济又不能无限发展，而政府又定下考试制度来，规定国民有受教育经选拔得参政做官的权益。这种情形，在当时中国人心下，大家觉得很合理，因此封建社会去了，资本主义的社会没有来……”从先生在《文化史导论》的这段描述中可看出，士人政府使商业资本商业经济如何变得边缘化，其形成走势清晰明了。

虽然有“天下之士多出于商”之说，甚至说“明清的中国是一个士魂商才的时代”，但一手捧《论语》、一手握算盘者毕竟为数极少，即使盛行也历时短暂，成不了大气候。我捧我的《论语》，你握你的算盘，才是历史常态。捧《论语》者有意疏远握算盘者，于是两者分道而行，终久握算盘的经济行为失去了文化学者理性力量的支撑，而难以为继聚集力量做大做强。社会改革家们只是一心注目于政治，把有力改变着中国社会生存命运的财富创造和运作者，冷落于一边。余秋雨在《抱愧山西》一文中说，山西商人曾经创造过中国最庞大的财富，居然，在中国文人浩如烟海的著作中，几乎没有留下什么记述。

其实，又何止山西商人受到这样的冷落，长时间，富裕与罪恶总是画上等号，中国文人在大谈天下己任时，却鄙视商业，鄙视财富。有个社交细节能让我们管中窥豹，中国人在餐桌前的排序很有讲究，推至首座的定是官吏或士人，如有儒商居首席者，也定是依他儒士的文化身份来“定位”的，仅是商贾身份，即便有再庞大的资产，也不可能在并有官员士人的餐席上尊为首座。

确实长期来，文化对于商业生产、贸易经济人未有过足够的礼敬，文化对改善民生状态的理性思考、拯救经济落后赋予雄辩的理由，总是缺席和失声。先生在他所著的《文化史导论》中，对“文化失声”有一些观察与隐忧——“经济人生总取一个消极态度，对其他文化人生则取积极态度。”“中国人一面看不起专以求财富为目的的商人，一面又极推尊以提高文化人生为目的的读书人。”“经商为富的人，虽富而不荣；耕读传家的，虽贫而尊。”

孟子有言，人心若以行善为满足，自然不会羡慕别人的物质享受、在意富贵赶不上别人了。除读书做人被儒家思想推崇为“善言善行”，此外的财富创造视作“皆为下品”——在这种宏大价值观指挥棒下，中国文化渐渐失却了对一切财富生成的扶持兴趣，以至冷落商业经济，后来的科学经济步其后尘，同样地陷于被动境地，进入文化支援失声的惯性轨道。

先生1960年赴美国讲学，看到西方的经济发达程度，很受震惊，他给同仁回函中有这样一段话：“因念我们只讲义理，不问经济终是一偏。如何教人从实际，作富民功业，此乃一大事。衣食足，而后知荣辱。富而教，是人生一大顺序。”物质脱贫了，精神富裕才有保障，富民功业可以使全民知荣辱，然后推动发展教育……先生在他65岁时，猛然为中华文化警觉到，对经济未加特别扶持的失责之虞。

互相消融——互敬文化的先见之明

先生对中西文化的差异认识，起始于地理环境的剖析，中国文化之所以成为安稳型而非侵略型个性，“乃天地自然之机局，局非一二人之私智所得而操控。”在广袤家园中的农耕文明，只需安稳固守，天性中缺少海洋文明、草牧文明的扩张禀赋。沿着这个大枝干，他进而从经脉中细致地分出中西文化的分支差异：中国文化践行人道，是内倾型的，西方文化追寻物理，是外倾型的；中国文化转化、绵延，是同体的，是一个人马拉松，西方文化变动、进步，是异体的，呈多人接力赛；中国文化以农业文化为主体，其他商、工业都是依附其后的，西方文化则呈现农、工、商业齐头并进。他还洞察到各自的思维特色：中国文化重沿袭轻创新、重群体意识，西方文化重开创求进取、重个体意识。

尽管有这些相迥异的特质，先生又认为中国文化一向对外族异文化有着新鲜感，而愿意吸收，对佛学的宽怀接纳便是一例。他主张融会中西文化，坦言自己并非绝对固守、一概排斥西方文化，只是希望现代中国人能像宋儒消融佛学那样消化吸收西学，因而反对照搬照套，若“舍己之田而耘人之地”，则是最愚蠢的。对这种愚蠢，他举了一个绝妙的例子。花盆里的土壤，给花提供充足营养，土壤与花有着持久的适应性，中国文化就是适合中国发展的花盆土壤，死搬西方文化，好比盲目把花移栽到漂亮花瓶中，花期定不会长。

承认文化个性和文化差异，主张并存共进，互相消融，先生始终在努力寻找传统与现代的结合点，而非将“西化”、“现代化”完全弃之不顾。“余之所论每若守旧，而余持论之出发点，则实求维新。”守旧只为维新，维新须以旧为始。“继承”与“创新”，是多种本原构成的世界中，最为基础和必不可少的二元。

先生不留情面地提醒着五四新文化运动的激进者，不要成为“一种自我文化之谴责与轻蔑”，没有从外面引进多少新东西，却是内部破坏了不少旧东西，也就是建设性太少，破坏性太多，有所谓“成事不足败事有余”的味道。近期有识之士也竭力主张，我们要倡导互敬文化，要赶走互毁文化。先生的“互相消融”正是“互敬”的先见之明，他主张，外来的新东西要学来，自家的好东西也要保存好，不能不待人家来毁，自家的好东西先已毁了。

毁坏比建设总是来得容易，钱穆学生余英时也有觉察：“越是惊世骇俗的偏激言论，便越容易得到一知半解的人的激赏。”反过来说，温润性的建言建树，因为受不到激赏，因为不可能一呼众应，容易被搁置起来，何以吸引眼球？何以哗众取宠？还是破坏性言行来得干脆。于是他们最排斥消融互敬，最擅长激奋毁坏。因此，外观特征貌若正义的激愤言行出现在我们身边时，该多加警惕！

中西文化相见而欢

耶鲁大学雅礼协会与新亚的合作，是中美教育史上的一个创例，雅礼给予经济支援的主要动机，完全在同情新亚之教育理想和教育精神，而无条件地施与援助。他们不过问新亚内政，因为双方彼此吸引彼此信任，只把文化互相融入。领着新亚从危难中走出的钱穆先生，在欢送雅礼代表时，表达了自己情意深处的一种感动。他感怀于郎家恒到港那天的激情致词，清楚地记得郎先生用流利的中文说道：“双方合作，乃基于共同的依赖，止如新婚的夫妇欲求建立美满大家庭一样，今后能真正做到中西文化交流，才是吾人的最高目的最大理想。”好个“共同依赖”，也许正是这样的依赖，促使了中西文化在新亚的密切交流。

郎家恒携同郎太太到新亚共兼课务，郎先生代理一年外文系主任，使得新亚外文教学获得明显提高，他还担任新亚董事会的执行秘书，“执行”工作在钱院长看来，做得相当到位。他们夫妇俩的结晶，小郎妹妹与小郎先生相继在新亚出世。“1958年7月5日雅礼代表郎家恒先生离校”，被新亚记入《建校大事记》集册中，那天先生与他们一家人依依惜别。在新亚诞生的两个新生命身上全是新亚的记忆，将一同带回美国；他们留给新亚人的记忆，在岁月增长中，与孩子的成长一同持续更新。

1960年1月18日先生跨出国门，这是他生平第一次走得最远最久的跨国文化行动，自是一次中外文化的近距离碰撞。首站到达日本，因亚细亚大学邀请做了讲演，这次讲演大意是，中国始终有一个“人”字观念，而西方却没有，如称中国人、日本人、英国人、美国人，即见到的都是“人”，西方语言却不这样说，它表达的是Chinese, Japanese，British，American……曾留学于英国的校长太田深以为然，表示遗憾没有更多人听到钱先生的讲演。太田深知钱先生的讲演有感于中日战争而发。为岛屿国的日本摹效西化，用武力外侵，让他的邻国深受其害……人生的风教礼俗，人道的布施践行，在这里听命于外倾扩张的诉求，为物理追寻让出通道，短期内工商业迅速发达，佐证了日本求开创索取、少人情世故的国家秉性。

在日本停留六日后，先生又赴纽约转程去纽海文，到耶鲁大学东方研究系讲学半年。这次停留的时间较长，先生与西方文化多角度地互相打量，愉快相处，喝咖啡替代了饮茶习惯。每每餐后主人问他要茶还是咖啡，先生总是回以要咖啡，每次不同的主人会有相同的诧异，先生居然喜欢喝咖啡？先生便答道：你们去中国要多喝茶，我来美国则要练习喝惯咖啡，只有入乡随俗，才能对异地文化有深层面的感受。他对西方文化的态度，如同欣然接受咖啡一样，多的是相见而欢的心情。

1960年6月13日，耶鲁大学授予先生人文博士名誉学位，当晚为他举行大型庆祝会。典礼的热烈程度，大大超出先生的意料之外。他在给同仁好友程兆熊的回信中叙述道：“各地远道来参加观礼者极为踊跃，会场当在一万人以上……彼辈之热烈鼓掌，只是为中国人表示同情，弟（先生对自己的谦称）以一中国人在场作为一旁观人之心情，却不能不有一番深刻之感动。”他认为这份殊荣是给所有中国人的，只是由他一人来代表受之。耶鲁给与中国教授的尊敬方式，也创几十年来大学所未有的先例：校长宣布表彰词后，另有校方人士用中文郑重宣读一遍。这是授誉仪式上的最高和最特殊待遇，先生遗憾未能即兴发言表达当时的心情。他说：“若能由弟痛快发言，或能表达内心所感深处于万一。但演讲词已预先拟定，请李田意先生转读英文，因此不便临时随口讲，弟在当时甚感歉然。但弟此番短短演辞才毕，全场起立鼓掌，历久不断，弟屡张双手，请求停止，亦无用处。”

中美文化好比一老一少，先生这样概括：“中国文化是代表着东方传统中之最久的，而美国文化则代表着西方传统中之最新的。”但是老中有少，少中有老。好比老大爷欣喜于小龄童身上的聪慧成熟，小龄童快活于老大爷身上的天真童趣。因而先生又把耶鲁与新亚作了比较：“但耶鲁已有了两百五十年以上的历史，雅礼的生命亦已超过了五十年，而新亚则是一新生嫩芽尚在幼稚期。转瞬间，新的转成为旧的了，而旧之中仍可茁长出新的来，人类文化正在如此般演进。”中美、东西文化之间的互补，形成新旧转化更替之长链，先生深信，这种在共同依赖中的新旧更替，才是促进人类文化共进的动力。

在美国，先生为“西方文化外向型”又找到了实证：美国人看重人的事业，不看重事业中的人，他们的逻辑是——我是此事业的，而事业则不是我的。一有钱就加在建筑设备上，把每个人的智慧都溶进了事业的教学大楼、设施、理念、规模之中，代代相传。你要问他的遗产、衣钵在哪，他会回答你，在这幢教学楼里。而中国人却把“我的”比“事业”看得重，教学楼几乎与己无关。

美国人过的是忙碌人生，特别珍视时间，先生每遇人来访，寓所总会接到预约电话，言明需谈多少时间，约定的时间一到，即离去，那种守时守信似用秒表掐算。所谈事务也是绝少涉及人情，丁是丁卯是卯，说完即道别走人，不会有张家长李家短的议论，左邻右舍相互可以多年没有一面一语的机缘。地方报读来，多为当地小范围的琐事，少见全国性新闻，世界性新闻更是少之又少。先生由此结语：美国人对其外围世界情势不会有多大的兴趣，基本都是各人自扫门前雪，莫管他人瓦上霜。

为国家社稷实现再宏大的理想目标，总是先得由个人把自己的事、身边的事做好。与这层意思相似的中国古人也存名言：“自己家的书房都不扫，何以扫天下？”先得扫干净自家的院，才可清扫外面街道。这其中的道理很朴素。孟子说：“天下之本在国，国之本在家，家之本在身。”前面一连串的“本”最终都归结到了“身”这里，修好自己的身，才是家之本、国之本、天下之本，一切之本。中国儒学的精神要义：修身齐家治国平天下，其宏远计划“平天下”，也要始于足下、从“修身”开始，所谓自天子到庶人，皆以修身为本。没有“修身”，那么后面的事情则无从做起无从谈起，更遑论“平天下”。美国人的“扫雪行为方式”，与中国先祖的人生修养教诲何等的相似！时常我们在别处看到的人文风景，要多一个心念，可能正是古老中国文化在此的一次观光逗留。

中国文化体现在每个人身上

文化为立国之本，立国之灵魂，立国之元气。这是先生对文化的认识。他还认为这些“灵魂”、“元气”体现在每个中国人身上。孟子有言，人皆可以为尧舜。先生藉此推崇崇圣论，提出“人皆可以为禹，人皆可以为圣贤”。崇圣论不同于西方的崇神论，它是人本主义的，可以人人去做的。他说：“在此世上做任何事，试问有比我自己要做一个‘理想我’这一事那样的自由吗？”

倒是什么事物都有两面性，人本主义的崇圣论，虽不信天外的神明，这对不自律的人缺少了约束，但倘若本身具有修身自律精神的人，就可以自由地去做一个“理想我”；相反，崇神论者在造就较多自律者同时，却为“理想我”所作努力，又相对比较少了。

先生展望：“人皆为圣贤时，那则是一个圣世了。”他的“人皆为圣贤”的立足点是，中国儒家思想中的两个重要的道德理论——性善论和不朽论。孟子认为，人生来就具有向善的天性。先生深以为然，他总结道：“整个中国民族一部中国史主要精神主要向往，大可用一‘善’字来概括”。中国文化的此一“善”字正是“最要精义所在”。

除了性善论，人生不朽观是儒家思想的另一个道德信条。所谓“太上立德，其次立功，其次立言”，这一祖先的人生格言意思是：为人处世中，树立起自己的道德风范，并且感染给其他人；其次是事业有作为，服务于社会；最后写自己的经验积累流传下去。人生是短暂的，惟有人的德功言可以长久，让生命意义延续和不朽，因此留下德功言，是广义延续生命最有效的方式。

所以先生说：“不朽论和性善论，此两论题互相配合，才能发挥中国道德精神之最高的涵义，这实在是中国思想对整个人类社会的最大贡献。”

不朽和性善两论，构成儒家思想、中国文化精髓的主要柱梁，支撑着中国人价值观与世界观的大框架；在这种框架之下的中国人，会对中国文化有生生不息的呈现，使中国文化或多或少、或早或晚体现在个体身上。

圣人从何而来？清代史学家章学诚一语惊人：圣人学于众人。这和国际心理学家荣格所言："一切文化最终都沉淀为集体人格"，有殊途同归的意义指向。即圣人来自于众人的集体人格，集体人格从何而来？是由个体人格向善性地凝聚而成。先生希望中国人不要——"只见历史遗骸，不见历史灵魂"。历史的灵魂是由人的"善"和"不朽"来发现和链接，一切对历史遗骸的夸大张扬，一定不是中国文化真正承载者之所为，当然也不是集体之人格。

先生感受到，内倾型的中国文化，只要日新其德，无论时代处治乱兴衰，甚或空间大幅度挪移，中国文化可以造就完善的圣贤。他在新亚的师生大会上，情深意浓地讲述了丁龙的故事（后载于《新亚遗铎》）。

美国哥伦比亚大学是世界著名高等学府。该校有个固定的中国文化论坛，叫"丁龙讲座"。丁龙不是学者，而是劳工，一位十九世纪赴美找活的山东苦力。南北战争后，他到一个独居纽约的退役将军家为佣，主人性格暴躁，仆人们不堪打骂，纷纷辞职，丁龙也另谋出路去了。后来将军家失火，他不请自回，主人不解，丁龙说，您有难了，孔子教人忠恕之道，我应来相助。将军以为他是读书人，丁龙自称祖祖辈辈为农，并不识字，做人的道理都靠老人口耳相传。后来丁龙一病不起，道别将军："此前衣食得您照顾，十分满足地过

> 活，我在美国没有亲人，将积的薪水奉还，这些钱本来就是您的，物归原主。”将军大为感动，认为中国社会培养出的文盲都是这等人品，其传统必多可观，应该发扬光大，于是就在丁龙的遗产中再添一笔款子，说服哥伦比亚大学校方设立了“丁龙讲座”。这是美国首倡中国文化研究之处，至今不辍。

丁龙故事说明，中国文化密码在每个人身上蕴藏，可以代代感应承接，这个密码与地域、时代、甚或与读书与否都无关，因为那些因素只是决定了文化的术而不是道。钱穆先生始终强调，中国文化不但不可轻易唾弃，还需代代地恒定坚守。其实所坚守的东西，不是密码之外文化的形、文化的表、文化的术，而是密码之中文化的神、文化的本、文化的道。这些神、本、道才是文化的密码，它们由每个个体来接收、表达。

道不可被术掩盖

术，可以在短期内改弦更张，道，却是几千年都不会变，先生认为：“物质经济可以有进步，人之生活可以有进步，道则自始至终无所谓进步。”他特别欣赏孟子的一句话：“吾善养吾浩然之气。”这个浩然之气就是一种境界，一种道。这种精神境界，没有时间限制，两千年前是如此，现在也是如此，无论时空怎样地延伸，仍然可被欣赏与追随。

道的巅峰一定确立在人类的童年，如同绘画的想像之道也是在童年最丰富最高超。周国平说起她女儿啾啾学画的事，也许会帮我们获得人类精神的终极思考。她幼年学画总是不假思索，拿起笔就画，看她笔下的一些作品，不折不扣是上乘的抽象水彩画。父亲从中选了几幅装进镜框，谁见了都觉得难以置信，它们竟出自一个3岁孩子之手，画家刘彦对它们也赞赏有加。父亲发现，这一批画是女儿啾啾的巅峰之作，此后再也未能超越。其实随着年龄增长画术的灌输不会少，何以再超越不了了呢？这就牵涉到了道与术的主导与辅助关系。

道因为不够鲜亮常被术所掩盖，人们误以为术是主角。其实文化的良性发展占主导地位是道而不是术，术在道的推行和被领受中，起着协助作用。道是人类早期确立的，术是人类后期逐渐添加的；道是恒定的，术是易变的；道是使命，术是受命……

先生以为——道不可以传子，因为孔子的思想与精神不可能自动传付与其子伯鱼，想获得道，需要其父传承，伯鱼接应。他的接应可能需要知识去领悟、去提炼、去安置那些理性与信仰。这里说的“知识”就是术，而“理性”、“信仰”便是道。但“理性”中也有部分是术的东西，用来整理本身应该理性的道，使道更圆润完整便于运输、流通，而获得理想的代代承接的规模。比如韩愈所撰《师道》，其中逻辑的思维，精准的文句，就是“术”，所阐述的“师道”，必须通过“术”的协力，才能清楚地表达，才能被人理解，才能代代传诵。从这里我们看到了道与术相互依存的特性。

丁龙没有读过书，照样可以领受和传布道，这一个极端而真实的例子，帮助我们获得多种启示。“自己先求合道，好可望人人各合于道。”先生提示听过故事的人去想这个道理，代表“恶”的那位主人，看到别人的“合道”也会“合于道”做起善事。说明人心向道，存有大道者，总是易得人心。还有启示是，真正去理解道与术的主导与辅助关系。进而可悟出一个被掩埋已久的“道”：对文化的术的保护与宣扬应在一个恰当的范围，要始终明确它们的辅助地位，任何过于突出它们功能的作为，无利于文化的道的真正留存与光大，倘若因前者的过于强化使后者偏离和弱化，这就舍本逐末了。比如现如今高校和研究机构在“无效文本”研究上的庞大开支、投入过多的人员与精力，难于将重心放置到当代精神价值的重建上来。比如有的地方将一切历史与文化等同起来，只求扩大知名度，对历史人物、历史遗迹，无论是非善恶，无论精华还是糟粕，一概宣扬。比如文化作品里制造和嘲笑着善的浅薄、善的窝囊，捕捉和渲染着恶的深刻、恶的痛快；道在术前显得苍白无力，捉襟见肘，甚至狼狈不堪。导致这些后果，文化工作者实在难辞其咎。

文化的仁善

道路只有两条，行仁与不行仁罢了。孔子对文化的人方向说得很绝对。今天的文化也有仁与不仁之区别，换言之，也有识别“仁”的紧要性。先生对人文学者的人格标准之高度，落实到一个仁字，有其独到的思考，他说：“研究自然学，其可贵即在其所学。而研究人文学，则可贵更在从事此学之人。牛顿之所以不朽，因其发明了力学三定律。爱因斯坦之所以不朽，因其发明了相对论。而孔子、耶稣之所以不朽，主要更在其本身人格之伟大。”他又说：“研究自然学的条件，应是一智者。而研究人文学之条件，则必然应是一仁者。惟其是一仁者，他才会对社会人群有敏锐的直觉，有深厚的同情，能在大处深处，发掘出人类普遍的，潜伏的，真问题之痛痒处，及其症结处。”

中国儒学的灵魂要义可归结为两个字："仁"、"善"。仁与善是相依存的，心中有仁便有善的外化行为，这些外化行为，包括做出什么判断、取舍；如何地着力、坚持……

先生始终坚持倡导人文学科宜通不宜专，"通学在前，专精在后，先其大体，后其小节，任何一门学问，莫不皆然，此乃学问之常规正道。"这里自有仁的核心力量做支撑，便有这种善的主张。他多次在公开的刊物和演讲中提出，人文学科最忌研究者分门别类钻进狭窄门类里，在这种死胡同里，还要有新发现，还要写出长篇论文，最后为了论文，为了有所发现，越走越窄越偏，对社会却毫无帮助。只专不通，不仅仅是学术上的一个问题，先生以文化的"仁心"，获得敏锐的直觉。把精力只放在文化的细枝末节上，是一种文化垃圾的制造与堆积，非但无益于社会，还可能阻碍其进步与发展。因为在那些大处深处的痛痒处、需要深厚的同情处、人类普遍的症结处，反倒受到忽略，反倒无力关注了，那么人文若不是出自"仁善"的着力，只专不通，狭窄又细碎，对社会自是一种阻碍了。

还有一种障碍，故意拒绝简单，故意制造深奥，也是一种不仁善的文化着力。有一个客观现实我们得注意，凡是文化程度或文化自信度不高的人，往往会对自己不懂的文化话语心存敬畏。于是在这种受众环境下，故意制造模糊和艰深的伪精英，就应运而生了。他们会不惜代价，制造高深，让人云里雾里，给人"高深莫测"，以赚取仰视敬畏之效。

无怪乎亚圣孟子有如此精到的结语——惟仁者宜在高位，不仁而在高位是播其恶于众也。是的，人文学者引导人文理想自比政治家更居高位，岂能心中无仁？！先生读到此话早就激动过，难怪他断言：物质世界可以日新月异，精神世界则是个恒定的守量，人文的东西是后人慢慢地吸收、消化汇通前人的思想，后人并不能对此继涨增高。他对孔孟奉若明灯就不难理解，他说："将来世界走向大同……惟有我们的孔子，他的教义自可普遍教训全世界人类……"他推崇孔子的仁是入世的，而非出世的，他的仁学思想是在学宫，而不是孔庙。孔子教人仁义的方法，具体而微——你自己想有所树立，就想到也要让别人有所树立，你自己想实现理想会想到也要帮助别人实现理想，能够从身边小事做起，推己及人。

仁义居然有如此具体的标准，就能鉴别出人文学术"只专不通"、"重小节轻大体"、"制造不懂和艰深"的仁义与否了，它们确实只对自己似乎有所"树立"，而对他人对社会并不能有所树立……其实很多的文化问题都可由此来鉴别。

君子儒，也是具体而微的，一个具备仁善和普世价值的文化学者，便是一个真正的君子儒。

在刚开写《文化的仁善》这一内容时，笔者原本赞同"研究自然学的条件只需是一智者"的说法，但后来读到大气化学家马利奥·莫利纳的一次宣讲，我改变了这一认识。其实，研究自然学的科学家，也必须是一个仁者。1974年，马利奥与另一位科学家共同发现了南极臭氧空洞的形成机制，此后，他俩便成为"停止氟利昂生产和使用"的疾呼者，持续有10年多之久，最终与各国达成了"蒙特利尔协议"。马利奥的宣讲说明了，作为科学家同样必须具备一颗仁心，一种大悲悯情怀，他说："科学家不仅要在实验室埋头工作，还要站出来向公众说真话。"

当我们发现臭氧空洞的问题很严重时，我们意识到必须超越科学家的职责。我们当时考虑，如果不是我们站出来向公众说明，那谁还能站出来说？如果不是现在站出来宣布这个事实，那又要等到什么时候宣布？

马利奥虽是自然科学家，但他和他同伴的作为，也为大文化大人文必具“仁善”，做了最宏大的回答。

卷八

『文化』的胆略与智慧

JUN ZI RU QIAN MU

PING ZHUAN

『文化』胜任者凤毛麟角

宁失言，不肯失人

行走在被接受吸引的强大气场里

◇既具有那份精神责任，又具备实施精神责任的口才能力者，少之又少，只有凤毛麟角。

◇“有些人似是慕名而来，欲一瞻风采而已，提出的有些问题很浅近，殊不必烦先生一一作答，何以先生还是认真地解答，赐以教言？”

◇“孔子说：‘知者不失人，亦不失言。’我宁失言，不肯失人。”

卷八 “文化”的胆略与智慧

“文化” 胜任者凤毛麟角

“文化”二字加上引号，笔者的用意所在是文而化之，以及文而化之所需要的胆略与智慧。

康德对“知识分子”曾有定义：有勇气在一切公共空间运用理性。这里的关键特质是：勇气、公共空间、理性。其实文化，就是要“文而化之”，如果“文而不化”，则便放弃了在公众领域的精神责任。当然有的文化学者不能算是放弃，只是不具备于公众传播的才能，只能选择伏案：有的文化学者具备着绝佳的口才，但没有这份精神责任，于是不愿意以当众演讲的感性形式传播，即使愿意，传播起来因为没有责任担当，就只有术没有道，或者少道多术；除此之外，既具有那份精神责任，又具备实施精神责任的口才能力者，少之又少，只有凤毛麟角。

宁失言，不肯失人

当代学者严耕望对先生讲授的听众效应极一时之盛，总结了集他一身的四个原因："过去大学中国通史课程教得最成功的，我想应数先生宾四先生为最。因为他学力、才气兼备，加以擅长讲演，又富于民族感情……就我所知，没有一个人能兼备这四项条件，所以也不能有他那样的卓越表现。"这便是精神责任与口才能力——这两者在优秀传播者身上被共通性地发现了。

先生1941年春天受邀讲学于武汉大学，在读的学生诵甘在五十年后的回忆文中说道："他的讲述，有时幽默几句，有时感情激昂，总觉得有股人格精神灌输其中，极富感染力。所以听讲的人很多，并不限于史学系学生，一个大教室总是挤得满满的。"

我国历史学家和教育家、曾是西南联大学生李埏有这样一段描述："西南联大继承北大自由讲学之风，允许校内校外人士旁听，而且尽可能兼顾其便。因此，其他大学的学生、中学的教师以及社会上有志于史的人们，皆来听讲，以致教室虽甚宽敞，仍不能使人各得其所。一张两人并用的课桌，总是三个人挤着坐。椅子坐满了，许多人便席地而坐。地上坐满了，便坐到窗台上。有的人连窗台也挤不上去，便倚墙而立……先生的讲演，感人动人，异乎寻常。两个小时的课，自始至终，人皆屏息而听，以致偌大一个教室，人挤得满满的，却好像阒无一人似的。"

李埏又说道："来拜谒求教的，并不全是联大学生。有的是其他大学的学生，有的是中学老师，有的是在报馆、银行、机关工作的人，有的是读过先生所著书而未听过讲课的人……多数人是二三十岁的青年，但也有一些年逾不惑或知天命的中年人。对这一切来谒的人，先生是极少问其姓名、职业的。因此，若非其人自陈，先生便不知其为何许人，但不论知与不知，先生都一样和颜悦色地接待，真是一视同仁，有教无类。”

说到“有教无类”，当代文化传播者余秋雨先生认为，演讲比起文本，更具感性的说服力，更有笼罩性，也就是普适性。他说：“我得训练，有没有可能让教授愿意听，初中毕业的人也爱听，小学文化程度的人同样听得懂。这是个极难极难的事情，但我若做不到这一点就觉得很惭愧。”之所以余秋雨先生有这样的认识和使命感，因为与一个叫“接受美学”有关，这一概念是由德国康茨坦斯大学文艺学教授尧斯在1967年提出的。接受美学的核心是从受众出发，从接受出发。余秋雨先生说，他自己很早接受了西方的这个理论。接受美学告诉我们，传播中的文化，或说文化在传播中，评估其价值高低，不存在空洞的衡量标准，只有一个标准就是——被接受状态，因为接受群体本身有一种自我调节的功能。

如何调动出接受群体的那种自我调节功能，其实早年钱穆先生也在心中记挂着，他改变了孔子的话来表明这层意思，他的话是：“我宁失言，不肯失人。”他的学生李埏曾经因先生不厌其烦地回答社会听众的问题，而向他提出疑虑：“有些人似是慕名而来，欲一瞻风采而已，提出的有些问题很浅近，殊不必烦先生一一作答，何以先生还是认真地解答，赐以教言？”先生讲了一个典故以作回答：

听说过张载谒见范仲淹的故事吗？北宋庆历年间，范仲淹因西夏兵事驻陕西，横渠（张载）那年十八岁，手捧兵书去拜访和请教他敬重的老师，请其指点书中的真谛要义，文正公却授以《中庸》

一卷说："儒学中自有名士教诲可以让我们获益更多，为何感兴趣于兵事呢？"张载听了，幡然而似有醒悟，回去后弃学兵书而钻研起儒学，于是成就一代儒宗。可见有时话虽不多，而影响却不小。孔子说："知者不失人，亦不失言。"（意思是，可以同这个人讲的话，你却没有讲，这就会失掉同人，不可以同这个人讲的话，你却告诉他了，这是说错了话，所以有智慧的人在与别人交谈中，能够做到既不失去同人，又不说错话。）我宁失言，不肯失人。我宁说错话，也不愿错失听众。

学生听了这席话后感到，先生之所以诲人不倦，是对求教者有厚望、有深意的。钱穆先生的厚望和深意，正是他担当文化传播的精神责任，并以绝佳的口才为载体，来运行文而化之，以帮助接受者择善而从，发挥出自我调节功能。

行走在被接受吸引的强大气场里

北大学子朱海涛在《北大与北大人——钱穆先生》一文中激情描述："宾四先生，是北大最叫座教授之一。这并不需要什么事先的宣传，你只要去听一堂课就明白了，二院大礼堂，足有普通大课室的三倍，当他开讲中国通史时，向来是坐得满满的。课室的大，听众的多，和那一排高似一排的座位，衬得下面讲台上的宾四先生似乎更矮小些。但这小个儿，却支配着全堂的神志……越讲越有趣味，听的人也越听越有趣味。对于一个问题每每反复申论，引经据典，使大家惊异于其渊博，更惊异于其记忆力之强……这种充实而光辉的讲授自然而然长期吸引着观众。奇怪的是他那口无锡官话不论从东西南北来的人都听得懂。"

自1968年迁入台北素书楼，先生讲学不断。“钱穆先生台北故居纪念馆”馆长秦照芬，向笔者讲述：钱先生在课堂上总是神采飞扬，吸引了四方国学爱好者前来听课，听讲者深受感动于中国文化的博大精深，也难怪先生的讲堂每每座无虚席。有位学生在素书楼听了二十年课，从学生听成教授后，再带学生来听……

“支配着全堂的神志”、“东西南北来的人都听得懂”、“从学生听成教授”…… 这里让我们看到了“接受美感”所带来的强大引力，这是一种何等范围的被接受状态呢！

先生的演讲就在这个被接受状态的强大气场里，一次次地践行了他文而化之的历程。

就20世纪50年代上叶的三、五年间，他在台湾作过四次有影响的系列性演讲——1950年底，先生为争取获得台湾方面支援，首次赴台之行，还受到几方演讲邀请。他主要在两个地方作了两大系列的演讲：一是在省立师范学院（即后来的师范大学），受刘真院长邀请，讲演了四堂，总题是“文化学大义”。二是在“国防部”总政治部，有七堂讲演，题为“中国历史精神”。回港后，讲演辞得以充实整理，先在印尼某报社出刊发行，后在台重版。

第三次是1951年底先生去台准备办一所新亚分校，到台中选定校址后，顺道于台北受“总统府”战略顾问委员会代表何应钦的邀请，以“中国历代政治得失”为题作了五堂讲座，分汉、唐、宋、明、清五部分，略述五代的当朝制度，后来《中国历代政治得失》与前一年所讲的《中国历史精神》都编印成书，被香港大学定为投考中文系的必读书，因此香港中学生都会诵读这两本书，长年不辍。

第四次的系列讲演是1954年暑期，先生赴台北由友人学生为他设的60岁生日宴席，同时受邀在青潭“青年团”讲演。讲题为“中国思想通俗讲话”，共讲四堂，后付印成书。

还有，从1949年至1980年时代跨越有三十年，分布在香港、台湾各大院校以及博物院等文化场所，钱穆先生马拉松式地播下十多万字演讲稿，记录于《人生十论》一书中。内容一为“人生十论”，一为“人生三步骤”，一为“中国人生哲学”。

……

卷九 晚学尊朱

JUN ZI RU QIAN MU

PING ZHUAN

特别鉴赏理气论、心性论

关于新道统

并举四书开先河

回归心灵家园

永久停靠于『无锡七房桥』

◇ 所谓人心惟危，道心惟微。指人心比较危险，应当克制，而道心比较弱小应当主动向外界进取。

◇ 宋儒道统在服务于社会稳定的功利性同时，能够注入个人精神生活的意义，这是先生与现代哲学思想家一起把脉所发现的异曲同工之精妙所在。

◇ 骨肉之情、故乡之情、两岸之情，钱穆先生愈到晚年愈加浓烈，立下誓言：如果活着时不能回去，死后也要归葬故里……

◇ 1986年3月，《人民日报》摘载了先生发表于海峡彼岸的《丙寅新春看时局》一文，这是钱穆先生离开大陆几十年来，其时论首次在内地报刊发表。

◇ “此下的中国，只有全中国和平统一始是个大前途、大希望。和平统一是本中国传统的文化精神和民族性的大前途、大理想、大原则之所在。”

卷九 晚学尊朱

北宋时期有个张载，此人提出一个观点叫“民胞物与”，跟墨子的“兼爱”有相似之处，意思是对世事万物要一视同仁，就像爱自己的同胞手足一样去爱他们。他同时抛出“气”这个词，解释说，气是世界的本源，万物都源于气。人为万物中的一员，人的本性和万物的本性是相同的，所以要“视天下无一物非我”。同一时期，另有个叫周敦颐，从《周易》中引申出对宇宙生成的基本认识：“太极动而生阳，动极而静，静而生阴，静极复动。一动一静，产生阴阳万物”。

宋儒中有不少具创意的思想者，当时出现了两个潮人，程颢和程颐，是兄弟俩，都是周敦颐的弟子，此二人对理学的创立起到了至关重要的作用。他们认为，理，就是天理，以“天”字来冠于理，表明理在人的意志之外就早已存在，即为天理。天理存在于万事万物之中。没过多久，一个集大成者出现了，此人独创性地整合了前几位的理气思想，又旁收佛教与老子的理论，构建了一套完整而庞大的哲学体系。他就是朱熹。

朱熹说，万物一太极，一物一太极。现代学者有比喻，像孙悟空一样“拔毛分身”，大太极变出无数个小太极附着在万物身上。朱熹做的比喻是——月映万川。意思是月亮只有一个，万川各不相同，却都能倒映出完整而相同的那个月亮。

这里有“总理”和“分理”之别，万物可以分别通过自己的“分理”呈现出一个“总理”，“总理”均蕴含于每一个“分理”之中，即大中有无数个小，小中也包含一个完整的大。

朱熹给理下的定义最为切中肯綮、统观全局。他说，理是先于自然现象和社会现象出现的无色无味没有形状的东西，是万事万物兴衰运行的总规律，是伦理道德的基本准则。而气呢，与理相对，有形有状，化为万物。理就是道，气就是器。所以后来慢慢地把道和理合而言之，道理道理，道就是理，理就是道；而气和器分别有气量、气派或器皿、器具等作为形物的指代。

特别鉴赏理气论、心性论

钱穆先生对朱子的理气论、心性论的整合路数和风格全盘接受并大加赞赏。他的《朱子新学案》其价值可与开创新亚书院相提并论。写作此书，仅前期准备工作就花了两年时间，自淡出新亚工作后，先生自述“先读《朱子大全集》，读《朱子语类》，抄撮笔记，作准备工夫，亦历二年”。居台正式写作又历时5年，最终完成5卷巨著《朱子新学案》。

先生在《新学案》中对朱子思想从理气论、心性论两方面予以了特别鉴赏，他认为朱子思想精华主要有两大部分，“一为其理气论，又一为其心性论。理气论略当于近人所谓之宇宙论及形上学，心性论乃由宇宙形上学落实到人生哲学上”。他还着重指出，后人通常习惯说陆象山、王阳明是心学，程朱是理学，这样的分割并非恰当。若说陆王心学乃是专偏重在人生界，程朱理学则兼重人生界与宇宙界，如此言之，则比较切实。这些评价，无疑对集大成者朱子的理气一体的宇宙观人生观之哲学普适性，予以了高度赞誉。

先生认为，理学家中善言“心”者莫过于朱子。他在《新学案》中说，“只有朱子，把人心分析得最细，认识得最真。一切心学的精彩处，朱子都有。一切心学流弊，朱子都免。识心之深，殆无超朱子之右者。”这段话，是先生对朱子心学研究寄予极大赏识的一次集约点评。

朱子的心学理论在此不妨通俗分析，并作简要串联——

理结合了你的性、性本善的性时，就是“道心”；气结合了你的情、这个七情六欲的情时，就是“人心”。朱熹从不一概否定人心，承认虽圣人亦不能无人心，他认为道心与人心互融一体，道心需要人心来安顿，人心需要服从于道心。一个人做了好事，则是道心比起人心占了上风，若做了坏事，就是人心未能听命于道心。朱熹认为，两者从来不是势均力敌的，所谓人心惟危，道心惟微。指人心比较危险，应当克制，而道心比较弱小应当主动向外界进取。儒家心性学将天理与人道贯通了起来，便有了“天人合一”的思想。先生到晚年95岁时彻悟道：“天人合一观”，为中国文化对世界最有贡献的一种主张。

关于新道统

先生在《朱子新学案》中，还充分肯定了朱子将周张二程直接孟子之后这一新儒学的正统地位观，将荀卿、董仲舒、杨雄、王通、韩愈列出新道统之外。而区分确立这一个新道统意义何在呢?

当代哲学家周国平，在到了今天儒学传承2700年后的历史节点时指出，中国传统文化中的主流始终是意识形态，而留给精神生活的余地十分狭窄。意识形态是为了特定的政治制度而建立的观念体系，精神生活是个人对生命意义的自觉寻求和对某种精神价值的自觉认同。周国平又进一步阐释宋明前后旧新道统分别对意识形态和精神生活的态度，为先生补充了其对朱子研究未道明的意义，或者说与今人的思维可以衔接的语汇。他说，在孔子之后，儒家正宗（这里指荀董杨韩的儒学继承）把孝仁礼方面发展成了占据统治地位的典型的意识形态，而宋明儒学家则比其前辈较多地重视和发挥了孔子学说中包含着个人自我完善及其超越世俗遭遇的独立价值的思想，这一思想就具有一定的精神生活意义。

道统始终在中国文化中占据了统治的地位，宋儒对儒家的改造，为超稳定社会结构的形成提供了充分的意识形态方面的基础。这是不用过多争辩的历史共识。然而在服务于社会稳定的功利性同时，能够注入个人精神生活的意义，这是先生与现代哲学思想家一起把脉所发现的异曲同工之精妙所在，所以把荀董杨韩列出儒学新道统，到今天看来还有其合理之处。

与其说先生只承认新道统，不如说他对道统还有着新理解。他所著《中国学术通义》有这段话:

“关于宋明两代所争持之道统，我们此刻则只可称之为是一种主观的道统，或说是一种一线单传的道统。此种道统是截断众流，甚为孤立的；又是甚为脆弱，极易中断的。我们又可说它是一种易断的道统。此种主观的、单传孤立的、易断的道统观，其实纰缪甚多。若真道统则须从历史文化大传统言，当知此一整个文化大传统即道统。如此说来，则比较客观，而且亦决不能只是一线单传，亦不能说它老有中断之虞。”在这里他明确批斥了狭隘孤立的道统观。

并举四书开先河

先生对朱子的功绩细分缕析，察别人未所察，见别人未所见，他认为《论语》、《孟子》、《大学》、《中庸》四书对于治儒学，至关重要缺一不可，而于孔孟之间增入孔子的学生曾子和曾子的学生子思的两传《大学》、《中庸》，将四书汇成一个完整系统者，当属朱子开此先河。从此后四书并重，各显千秋，互通有无，朱子并举四书，实功不可没。朱子以毕生精力为《论语》《孟子》作集解和注释，为《大学》《中庸》作章节句读的分析解释。由于他对四书的集结和拥戴，以至元明直到清末七百年间，朝廷取士、学者论学都以朱注四书为准线和样本。改变了以往读儒唯有五经的垄断学风，使儒学从经学中轻盈转身，而示人以新颖的面孔。

回归心灵家园

晚学得新知，汇百川以归海；

忘年为述古，综六艺以尊朱。

这是1966年1月，先生在吉隆坡欢度春节时写的一副对联。这年春节也是71岁的他辞去新亚职务后的第一个春节，从这副对联能看出先生“解甲归田”的释然心情，他又可以回归到心灵田园的种植生活，他的学术撰写在他退下校园的教育岗位时，又可以重新大面积地铺开。对联写后的同年2月，他的《朱子新学案》进入正式写作阶段，历时5年。

以前在办学时，这种田园生活于他的教育人生来看，只能是零星钎缝，不可能大片培植。但尽管是田园的自留地种植，仍然是大教育的一种辅助，谁说教育一定要在学校、一定要在课堂里呢？归宗朱子，尊奉朱子，撰写朱子，是另一种形式的教育，是着重心灵对话式的教育，以让更多学者学子，可以通过自学方式了解孔子后集儒学大成者朱子的课堂和思想。于先生来讲，回归心灵家园，在教育辅助地里耕种，恰是安享晚年的绝好生活方式。其实教育实践已经溶入了先生的全部人生过程，他73岁定居台北后，依然没有停止过任课讲学，整理旧籍，撰写新著……他生命中的教与学从未分离过，他的自学敏思、教育心智，已难以区分两途，早已合二为一，互通共生，融于生命体内。

1989年，先生临终前一年，在夫人钱胡美琦的全力支持下，捐出稿费版税一百万台币，注册成立“素书楼文教基金会”，以助大陆台湾两地中学生的国学交流活动。基金至今已增至三百万台币，因钱夫人陆续拿到先生书稿版税后又继续累加，还有少部分来自先生的学生与友人捐赠。

若在百度搜索“国学夏令营”几个字，即会显示，它“由中国教育学会高中教育专业委员会和台湾素书楼文教基金会联合主办，最初由钱穆及夫人胡美琦倡导，其活动宗旨在于走进儒家经典，发扬国学传统，感悟地方文化，增进当代青年学子的民族文化认同感。”素书楼文教基金会将朱子的话“立修齐志，读圣贤书”，刻于文化衫上，每年大陆台湾两地有百所中学学生穿上它，吟诵着钱穆先生生前喜爱的这句话，一同流连于祖国的大江南北高山流水之间，与中华祖先做着心灵的文化对话。教育实践触发自学敏思、心灵感悟，不仅在先生的人生过程中，也在他离世后，连同他的书籍，以知性与感性的方式，将他的教育思想儒学精神绵延传布。

永久停靠于“无锡七房桥”

归宗朱子的钱穆，咀嚼着《朱熹家训》里的一段话：“君子所贵者，仁也。臣子所贵者，忠也。父之所贵者，慈也。子之所贵者，孝也。”骨肉之情、故乡之情、两岸之情，先生愈到晚年愈加浓烈，立下誓言，如果活着时不能回去，死后也要归葬故里，无数次地操着家乡方言反复叮嘱夫人，墓碑上要写上“无锡七房桥”五个字。夫人与子女遵其遗愿，于1990年11月选择墓地在太湖边的苏州西山俞家渡村石皮山上，1992年1月8日将他的骨灰及主要著作归葬和长眠于这个碑文之下，把他生命的灵魂与符号永久停靠于“无锡七房桥”。

“成就于大陆、创学于香港、终老于台湾”的钱穆先生，最后却将自己生命的终点站设定于大陆故乡，只因他要先行一步守候在这块土地上，看到彼岸同胞回归祖国的那一天。1986年3月，《人民日报》摘载了先生发表于海峡彼岸的《丙寅新春看时局》一文，这是先生离开大陆几十年来，其时论首次在内地报刊发表，时以

92岁高龄。他以深思熟虑的史识洞见，和对中国未来的至切关怀，深情表述："此下的中国，只有全中国和平统一始是个大前途、大希望。和平统一是本中国传统的文化精神和民族性的大前途、大理想、大原则之所在。"

卷十

岁月无情人有情

JUN ZI RU QIAN MU
PING ZHUAN

『演讲』奇缘 因祸得福
崇敬爱戴，孩子般精心照顾
西山一日记
父爱缺失由母爱浓情弥补
感谢继母 理解父亲
叔侄情谊
父女于台湾相伴一月
总有几天阴雨气候
时代的缺憾 缱绻的情怀

◇人类要向人类自身找同情，只有情感的人生，始是真切的人生。人生可以缺乏美，可以缺乏知，但不能缺乏同情与互感。没有了这两者，哪还有人生？——选自钱穆先生的《人生十论》。

◇那些本身已德高望重白发苍苍的老人，因为曾是父亲的学生，或者一直追随父亲的学问，他们在父亲身边，怀着虔敬的姿态，在这种姿态里又有获益之后呈现的一种满足，让我同时也得到从未有的满足。

◇钱穆夫妇从儿女“避重就轻”的言谈中，得出结论，大陆人民只愿向前看，不愿回望过去；只愿谈现实生活的具体面，而怕谈精神生活的情感面。

卷十 岁月无情人有情

“演讲”奇缘 因祸得福

1954年暑期，先生在台北做了第四次系列讲演，这次停留四个星期的讲演，也有了胡美琦女士的陪伴。

在青潭“青年团”的讲演，讲题为“中国思想通俗讲话”，每周一次，共讲四堂。每堂讲演前一天下午，碧潭的小茶楼里就有他俩的身影，夫人品茶少语，潭水碧波荡起，人与潭悠然相对，先生文思泉涌，讲稿一气呵成。先生与夫人胡美琦最初的认识，说起来真是和“演讲”有着奇缘，准确说，是演讲中一次意外，造成两人的因祸得福。

在前面提到的第三次台北系列演讲之后，先生又受到朱家骅邀请，听众是“联合国中国同志会”，时间经主办方三次变换更易，地点就不凑巧了。那天常用的讲堂都已在用，只好临时借用淡江文理学院新落成的惊声堂。这名字起得怪，似乎预示着首用会发出一大“惊声”。那天一早，先生总感心神不安，不待朱家骅派车来接，自己径直雇了辆街车就去了，那个车夫不识地址，一条街已跑到底，才发现走过了头，再回头寻找，方找到那个惊声堂。有一位女子名郭志琴，原在成都华西大学做过先生的学生，知道先生要来演讲，已在门口恭候多时，见到钱先生简要作了自我介绍，便将先生引进讲堂。因为一番周折已误了点，只见听众早已满座，楼上座位亦挤满了人，这样的气场总能匹配演讲的精彩。

演讲完毕，刚要进入“答听众问”环节，这时，忽然屋顶水泥大块坠落。原来惊声堂方才建筑竣工，还没经工程监理验收，属违规使用。泥块直击先生头部，即应声倒下，一堂听众也闻惊四散。郭志琴慌忙中不忘钱先生还倒台上，顶着人流又折回，和另一位先生的旧学生杨恺龄一同，将钱先生从泥块中扶起，小杨夫人邹馨埭，见钱先生头部血流不止，出门时手持笔记本遮掩，以挡路人注视，快速拦下一车，焦急中，小邹在车辆急速开动的一瞬间，掉下车受了皮伤，她丈夫已顾不了多问候，几人一同护送先生，直奔中心诊所。

先生因失血过多几近休克，全身血液供应不上思维，旁人的三句话却在他意识里游丝般穿行，“我乃代表×××来慰问……”；“立法委员柴春霖坐于前排，被泥块击中胸部当场身亡……”；“快送钱先生进手术室”。其他的言语都被关在他意识门外无所知觉。

当即紧急输血，头皮施行清创缝合手术，第二天早晨，剧烈震荡后的脑组织经过一夜休眠，又重新获得扩容后血液的灌溉，先生醒了。“我在哪里？”他醒来的第一句话就问。

“在医院里。”守护一旁的小护士说。

“我有个演讲要赶快去！”

“演讲早就完了，您受了伤，才到这里来的！”

是吗？一会儿先生的记忆思绪一段段拼接起来了，直至屋顶砸下泥块，自己说了什么话，有什么感觉，现场是什么反应，所有影像串联起来在脑中放映。他感慨异常：如果从此离开人世，则生不知何由来，死不知何由去，真是人生一大糊涂、又一大爽快之事啊！先生认定58岁的这一天，1952年4月16日，是自己生命中最不能遗忘的一天。

先生清醒后，医生观察三天无大碍，嘱咐可出院静养。经学生安排，先生疗养地安置在台中存德巷。出院那天，学生郭志琴仔细搀扶同车送行。在他受伤前后，几位学生始终交替不离左右……旧日师生的一段情缘，时隔多年还如此深厚，这让先生很感动。一般总是师恩在前，学生报答在后，因为学生对师恩难以忘怀，在时间大炉中不断添加感恩的薪火，这种师生情谊的持久互增，无论对学生还是教师来说，莫不是人生的一大慰藉。

先生与胡美琦相识相知，正是启动于最初的师生情谊，这次演讲受伤犹如催化剂，使两人的师生情有了一个突破。老师受伤后治疗于中心诊所，原新亚学生胡美琦特告假去诊所探望，此时她正服务于台中的省立师范图书馆；先生出院去台中疗养，同处台中，新亚学生更有义务探视病中的新亚教授；先生又属孤家寡人，身旁缺人照顾，学生每天下午工作完毕就有份牵挂赶来护侍；星期日胡美琦整日有空，更没有道理不来先生住所，陪同先生散步于台中公园……两人的情爱发展都在世道伦理之中，也在亲友同人的美好期待之中。

美琦不仅给予钱先生生活上的照料，还有精神上的慰藉。养病也是先生读书写作的最好时机，对《历代政治得失》的讲词得空可以整理充实，她一旁递笔送纸，回味精彩；从图书馆借书还书，更是胡女士“工作分内”的事。先生藉此方便机会，把南宋以下的文学小品几近阅尽，如陆游的《入蜀记》、范成大的《吴船录》、严羽的《沧浪诗话》、张戒的《岁寒堂诗话》……不计其数。前后有四月，就是说在受伤康复期，两人身心共历四个月的照应与启迪，先生才转台北，后回香港。1953年暑期后，美琦转学于台北师范学院，一年后毕业又回香港，得与先生日常相见。

先生胃病时常发作，一人住在学校，饮食得不到特别调配，学校又事务繁杂，美琦看在眼里疼在心里。两人萌生感情之后，就会牵挂，就会心疼，胡美琦想不出能比结婚更好的办法，可以天天照顾先生，他们于1956年1月30日终结连理。新婚洞房在九龙钻石山一个贫民窟区域租得一套两室一厅，虽然条件简陋，但激情不减，先生在婚礼上乘兴挥毫，将平素喜爱吟诵的范仲淹两句诗：“劲草不为风偃去，孤桐无意凤飞来”改成对联：“劲草不为风偃去，枯桐欣有凤来仪”。感慨晚年觅得知音作伴，欣喜与激动溢于言表，同时，表达了自己的素愿心志——甘于寂寞做学问。

崇敬爱戴，孩子般精心照顾

完婚后，先生生活始上轨道，胃疾也逐渐好转。几十年中，夫人对先生细心照料，关怀备至，除了帮钱先生翻译文章、誊写稿子外，开车、烧饭、料理家务，里里外外，她乐得亲力亲为。后来先生又得青光眼，视力日弱，他自述，晚年著作全恃夫人始能成稿。

生活中胡美琦一切安排以宾四为中心，她在谈自己学画一文中，虽无意流露，却被读者捕捉到一个信息，她的忙碌轴心均围着先生来转。“……新亚校务繁忙，宾四患高血压，我习驾车后，一切作息时间皆视他需要为主，因此我从青瑶师第二次习画为时仅一年，又不得不暂时停止……”

她习驾车全为了先生的需要，丈夫去学校处理事务，自己可随时用车接送，也能时时陪伴在患有高血压的丈夫身边照应，习画课程尽管很喜欢，倘与先生需求有冲突，便不加犹豫选择停课。

听台北的钱穆故居纪念馆馆长秦照芬介绍，钱先生家中尽管请了保姆，但钱先生最爱吃的一些菜肴点心，夫人总是不放心交予别人来做，害怕供先生享用的美味给糟蹋了。有道哈士蟆炖红枣，火候、材质浸泡、干湿程度、冰糖大小，她多有讲究，全程夫人都要自己动手，做出的点心先生吃了才会满意。夫妇两人习惯分床同卧于一室，但只要先生身体不适，夫人为了能夜起警觉，便靠先生的床席地而睡，稍有动静，即起身照应，钱先生总会嗔怪，守候神经太敏感，可能整夜不曾合过眼吧。

先生的学生严耕望回忆道：“先生一切生活都唯师母是赖。”他的女儿晓松曾因学业在钱府居住过一段时间，回家后对父母说：“太师母把钱公公当做孩子照顾的！”一语形容尽至，严耕望和其夫人大夸女儿观察事物精准，提炼要点恰当。严耕望有次对钱先生感叹道：“先生奋斗一生，艰苦备至，但晚福不浅，是人生最大快事！”先生听后，在学生前露出得意而幸福的笑容。

西山一日记

2010年8月30日，是钱穆先生逝世20周年的日子。这天因了先期的相约，笔者和居住在苏州的钱穆先生二儿子钱行先生、小女儿钱辉女士，一同前往西山俞家渡村，祭扫钱穆先生的墓地。并写下了《西山一日记》。

2010年4月的一天，我从无锡首次去耦园，寻访钱穆先生在苏州的故居后，转道去墓园。西山那么大，四处打听却遍寻不见仅知的两个标识：“石皮山”、“俞家渡村”，逗留直至傍晚只能失望而归。钱辉老师听说后，从电话中传来爽朗的笑声，她道，别说你了，连我二哥二嫂第二次去还摸错了路，那地儿还真不好找。于是就有了我们这一天的相约同行。

车辆到达等候的住宅小区，我一眼便认出了酷似其父的钱行先生。他虽年届79岁，却听力敏锐，交谈起来无丝毫障碍，超乎意料的是，思维、神情中还透着几分调皮。

到达西山镇夏镇，有个“接洽站”，是钱辉老师的学生“菊英”的家，平常她自愿兼任墓地“管理员”和来访宾客的“接待员”。我们的车临至门外，只听从堂屋传来钱辉老师脆亮的说话声，他们夫妇一早从家里乘公交已先我们而至。第一次相见我便倍感亲切，她和其姐、著名的环境科学院士钱易非常相像，也许因为我看过她姐的照片，还有原因是，她爽直随和的待人处事仪态极易被人接近。

落座一会我们就离开了菊英家，钱辉老师手拿大串钥匙在前面引路，走过两条曲径小道，我们停步于有一幢独立三层楼的小园前，这正是1990年选定钱穆先生墓葬地之后，由胡美琦女士主持、大致依照台北外双溪素书楼的模样建造的“西山素书楼”。走进客堂，几杯凉茶菊英早已备好在桌上，正需解渴，我边饮边看四周设置。见厅堂正中墙上悬挂钱穆先生晚年在素书楼讲课的一幅照片，配有朱熹所题楹联："立修齐志，读圣贤书"。楼上两层是书房和卧室。整幢楼都没有安装空调，因建造时周围居民家不具条件安装，一贯做事低调的胡女士认为不能太"奢侈"，20年后的今天，周围人家全都装了空调，而这幢小楼仍保持着原有的清静、简朴。

走出"西山素书楼"，我与钱老家人手捧祭祀用的香烛冥币鲜花，向山上墓地进发。穿过一片橘林，我默默记下钱辉老师提示的路标：见有三棵高大银杏树，便右拐向南麓山坡上行。我想下次自己前来定能找到这里了。攀行了十几分钟，驻足仰望，钱穆先生墓碑已矗立于眼前，"无锡七房桥钱穆先生之墓"几个字对于我这个来自无锡同乡、钱老的异代研学者确实很是震撼，默立之后我向钱穆先生深深地行了三鞠躬。

祭祀过后，钱辉老师引我坐进陵墓旁的凉亭，她手指着两棵松树还有周围的枇杷树，说这些都是父亲的学生栽种的，他们有来自美国、加拿大、澳大利亚及欧洲各国，每次家人上山，关注这些小树的成长，总是很提精神。哪棵树要是不行了，则想方设法"救治"，拨弄成活后下一次来看到它们的俏模样好是开心。

下山后已到午饭时刻，我们朝太湖边漫步，没一会进入一家"明月湾农庄"，这里提供的午餐是农家土式菜肴，它能激发出食客最本初的食欲与美食回忆。饭毕继续借用这块宝地休息闲聊，各自的思维很自然地走进过去的岁月，钱行、钱辉老师，还有其家人，搀扶着，沿着记忆的路径引我摸索行走，触摸他们的父亲、母亲在先行的路上留下的印迹，有的很清晰，有的已模糊……

父爱缺失由母爱浓情弥补

1929年先生在苏州续姻，所娶张一贯是一位知识女性，毕业于苏州女子师范学校，后做过苏州北街第二中心小学校长。她为钱家育有三子二女，名为钱拙、钱行、钱逊、钱易、钱辉。先生抗战时期一人随北京大学南下，1949年一人南走广州、香港，那些年正是子女成长的岁月，全由张一贯女士一手扶持成人。

双亲的爱一定要通过陪伴才能真实地获得，钱行、钱辉对父亲的印象是模糊的，对母亲的记忆清晰而温暖。为纪念母亲，子女连同配偶孙辈共十四人，各写一篇自己对母亲、婆丈大人、奶奶外婆各具个性的亲情记忆文章，合成一本不外传的纪念文集，这本集子是亲情追忆中的抚慰剂，只在自己最私密的空间里回味，不与外人分享。

（钱辉老师告诉笔者时，带着一份神秘的甜蜜，我也就不便表露索取的想法。）

他们回忆起母亲张一贯的点滴，讲述与聆听之间，总想为这位女性总结一个赞誉之词，“女强人”？俗见的名号常会愣头愣脑地冒出来，我们几人不约而同立刻摇头否决，这个称号实在担当不了对她的真实评价，她所建立的精神高度少有女性跨越，但所释放出的热量是那样的细碎、温暖。

张一贯少女时，学习成绩奇佳，小学毕业后，自己决定报考当时要求非常严格的苏州女子中学。出榜前，母亲朱素珍（被钱行钱辉等兄妹称作“白塔子巷好婆”）有所担心，怕女儿不被录取，于是去学校打听。校长认识这位才女，很热情地接待了她，听到朱素珍报出的女儿名字，欣喜异常，别的考生不一定熟悉，张一贯可是这两天时时被大家念叨的，她原来是你女儿！我校的第一名考生啊，学校就将出榜。

后来张一贯女士又是苏州女子师范学校的佼佼者，毕业后成为园丁世家的一员（据现在粗略统计，钱先生五代从事园丁事业者有25人，加上两位侄子钱伟长和钱慈明，就是27人），常年做教师，后担任校长，指导更多的园丁从事教育。五个孩子的养育，学校繁杂的教学事务，难于想像她身负的担子有多重！

1951年秋季的一天清晨，张一贯的身体终于不再听从自己的指令，突然起不了床，也不能翻身动弹，使劲说话，却听不清自己说的什么。与钱家联系密切的须毓筹医生，第一时间赶到钱府。钱先生因自己时常不在家，着意安排，把妻儿老小的健康托付给了这位须医生。她稍作检查便判断，师母这是脑中风引起的半身不遂。孩子们听到这个宣判，像天塌了一般，吓得手足无措。镇静的妈妈知道，学校工作会有人接替，但她今后的生活不能躺在床上度过，最幼的女儿还仅11岁。坚定心念造就的意志，能使意想不到的奇迹接连发生。

她天天服用须医生开的药，从发病开始一天也不停止康复锻炼，病情一天天看到了好转，钱易在回忆文中说“我至今记得妈妈一跛一跛地一步步迈步的样子，天知道她有多坚强，她付出了多少努力。她终于能够使着一根拐杖自己走路了，慢慢地又摆脱了手杖，她的右手像是被重重的负荷压着而不能举起，但她学会了用左手打开煤炉、加煤饼、炒菜、做饭，她还会用左手写字……”

每天每时每分每秒，都要与残疾带来的不便作较量，就这样，还能“以残助残”。1952年后，一大批抗美援朝的志愿军伤病员住进耦园东花园，张一贯女士成了他们的文化教员，辅导写家信，开讲文化课，从四则运算教起。钱易那时已经出外读书，不在家中居住，“每次回到家总可以看到妈妈周围有一些年轻的军人，他们需要妈妈也愿意帮助妈妈，妈妈好像又多了好些儿子。”有的人在“张妈妈”的辅导下，文化程度从小学补上后，又提升到中学，直到大学毕了业，他们始终忘不了这位残疾的老师妈妈给予自己的帮助，不时抽空会来看望她。钱辉记得有位小伙子，后来作为赴坦桑尼亚的援外专家，临走前又来看望妈妈，细细地汇报他的工作远景。

张一贯女士还是现在上海“老娘舅”柏万青式的人物。说到这个知名度，年过七旬的钱辉女士向笔者描述时有些眉飞色舞。不管多晚，不管多远，因为不可调停的纷争，都会找上门请张老师来评判，妈妈只要一出场一说话，因为帮理不帮人，再大的纠纷都会停息。有一次妈妈因胆囊炎在医院里挂十多天盐水，就在这段时间里，还平息了一对夫妇多年的积怨，最终拥抱言好。邻床阿姨要出院了，那位“消怨丈夫”无以表达心中的感激，于是执意把“柏万青”背回家。

自然灾害期间，孩子们都已工作成家在外，母亲一人生活，这时每家都在饥饿线上挣扎。她看到邻居家有五个孩子正处生长期，却一个个面黄肌瘦，恻隐之心顿生，主动提出帮他们家代管一个12岁男孩。他正处生长高峰，全家口粮填不了他一人的食欲，解决掉一个大胃王，邻居家减轻了不少负担。其实母亲锅里也只有菜面，徒增一张嘴，窘状可想而知，每餐她自己吃菜汤，把干面全捞给这个长身体的男孩吃。

幼吾幼以及人之幼，善待自家孩子才会怜惜别人家的孩子，她能把别人家的孩子如此疼爱，怎样对待自家孩子自可以想见。钱辉自责那时真不懂事，早早就出外谋事，没有在家好好照顾母亲，如今想起来很不可思议，为何只有母亲想着子女，子女却很少为有疾患的母亲着想！母亲总是顺着我们的意愿，不可能会来阻止子女外出，如果阻止的话就不是母亲张一贯了，这由她“只肯牺牲自我”的思维方式决定的。但做子女的那时候却永远想不到，一股热情只对“社会主义建设”负责。确实这种伦孝缺位的畸形，是那个特殊年代的普遍常态。

钱易也对妈妈曾给自己的爱，心中盛满歉意与深情。1955年在同济大学上学时，一次暑假竟带回六个同学，她们都想一睹苏州的天堂风采，却忙坏了残疾的妈妈，“可以想见我给妈妈添了多少麻烦，可妈妈是高兴的，有一张在院子里我们围在妈妈身边的照片，记下了这个时光。”女儿再添乱做妈的总是高兴的。

回家只是享受做女儿的快乐，对妈妈几乎没有帮助，有一次钱易自告奋勇为妈妈煎药，罐子放在炉灶上就到屋里去看书了，结果药糊了，罐裂了。儿女闯祸，妈妈从不会疾言厉色打骂孩子，这也是继承了祖父母的遗风。钱易在回忆文中说了这样一件事：有次宁儿淘气不懂事，吃饭时拿着外婆给他的象牙筷子，在桌子上敲打着玩，竟然把一副象牙筷子敲断了。她正要对孩子发火，被妈妈立即制止：“放他手里的东西就是玩具，孩子哪里知道轻重呢？”于是没有出现大人叫、小孩闹的局面。她感慨：“妈妈的气量和宽容，是我远不能及的。”

钱易婚后，丈夫忠祥远去前苏联列宁格勒，便嘱待产的妻子去上海家。将做母亲的钱易，这时对自己母亲的爱有段刻骨铭心的记忆：

> 忠祥嘱我去上海，我只好依他，但我当时还没有见过婆婆，我怀着惴惴不安的心情登上了南下的列车，在车上忍受住了偶发的阵痛，终于到了上海的婆家，没有料到的是妈妈竟然已先我而到。我这时的心情真是难以形容，我为妈妈拖着残疾的身子专程来帮助，感动得心痛。同时却觉得自己安全了，不怕了。我还是没有长大的妈妈的女儿啊！当夜妈妈与我睡在婆婆的大床上，半夜我就开始阵痛，是妈妈起床叫醒了三姐，坚持要她尽快送我上医院，我的大儿宁在第二天清晨顺利出世了。妈妈照料几天后自己回苏州。想一想她已经年近60，还跛着脚却为了女儿和外孙，独自乘坐汽车、火车赶来上海，不是完全的忘我又怎么能做到？！
>
> ……直到我自己当了妈妈，我才体会到妈妈对孩子的爱有多深……

钱易远在北京，愧疚自己对妈妈的照顾，远不如居住在苏州的钱拙钱行兄长和钱辉小妹。她欣慰道："辉妹调回西山后就接妈妈同住，使妈妈最后的一段日子得到了温暖和照料。"

西山的自然风光很美，乡村的人也淳朴，去过西山多次的钱易，从妈妈晚年的幽静居所里获得些许宽慰。妈妈的大床放在辉妹夫妇的房中，妹妹妹婿一听到动静就会起床照料妈妈，白天搀扶妈妈坐在院子的藤椅里，接受太阳光的照射；赤脚医生和邻居婆婆常会来看望妈妈。但乡村条件总归差，到了夏季蚊虫很是猖獗，钱易又想让妈妈去北京居住，但自家只有一间半住房，又需要爬楼，反而会给行动不便的妈妈增添麻烦，只好作罢。

那时候孝心总会受到居所条件的限制，不过这种限制是表层的，心意才是最深入最温暖人的，能力的力不从心，并不会减少那份暖意。只恐现如今居所条件好了，亲人间却永远缺失那份善心孝意，这种人间遗憾才是无法弥补和赎回的。

感谢继母　理解父亲

“继母是父亲真正的知己”，“父亲在外这么多年，他的成就、他的健康都少不了胡女士的无私奉献”……钱穆先生健在的四个子女钱行、钱逊、钱易、钱辉，在与笔者交谈或回忆文中，无不对胡美琦女士表露尊敬与感激之情。

可能世上没有比政治的隔阂更具强大的阻隔力量，因为怕给对方带来麻烦，先生与其大陆的家人，只有默默安顿下那颗寻找的心。“文革”前或有些断断续续的书信往来，“文革”的十年中就彻底中断了所有联系。先生去香港后，他的整个生命都与胡美琦女士紧密联系在了一起。直到1980年夏，“父亲和我们分离得实在太久了，他再也抵制不住和子女见面的愿望，”钱行说，这时大陆与香港的门户不再戒备森严，有了互通的缝隙，父亲与夫人获得信息后即从台湾来到香港，胡女士很快为大陆子女们办好去香港的手续。兄妹在有关方面的特别关照下，4人被批准出境，钱拙、钱行、钱逊、钱辉四兄妹首获香港成行的机会。1980年8月底，他们通过罗湖桥坐上了去香港的列车。

先生离开大陆那年，钱行16岁，钱辉只有9岁。“那时我们住在苏州新桥巷耦园，父亲在无锡江南大学教书，课后就回到苏州家里，就在那小小书房里写作，我们走过书房时，总怕弄出声音打扰他，至今这一幕历历在目，父亲在我们心中始终是严厉的。今年他已是86岁，怕是很老了吧？没见过面的继母又是怎样一个人？”钱行说，愈临近见面，愈心中忐忑不安起来。

从地铁出口出来，我们还在东张西望地寻找，继母却先凭着照片认出并招呼了我们，在继母旁边站着一个身穿长袍的老人，这不是与我们分开了30多年的父亲吗?

为了避免新闻记者的注意，继母特地把我们的住所安排在一所旅游饭店的高层。父亲患有青光眼，视力模糊，他常走到我们身边，从近处审视我们每一个人，不时发出“唔”、“唔”的声音，反复问我们有多大了，好像奇怪我们怎么会一下子变大了，变老了。而他的确还把我们当作孩子，每天，他都先自正襟危坐，然后令我们挨次坐下，他问我们每个人的经历、生活、读什么书，当他知道我们兄妹都是小学、中学、大学教师时，十分高兴，连声说：“很好，很好”。知道十个孙子和外孙都在重点中学和重点大学读书，更是眉开眼笑。谈到我们遭遇过艰难困苦，他唏嘘说：“吃点苦没有什么，我希望你们做好一个中国人，用功读书做学问。”他又说：“我对你们也没有尽到责任，尤其对小女儿，总觉得对她很惭愧。”他离家的时候，辉妹太小了……

钱辉自己对于父爱的缺失并不以为然，倒是看到周围人那样地敬重父亲，自有感触，她说，那些本身已德高望重白发苍苍的老人，因为曾是父亲的学生，或者一直追随父亲的学问，他们在父亲身边，怀着虔敬的姿态，在这种姿态里又有获益之后呈现的一种满足，让我同时也得到从未有的满足。从继母的贤惠中也能看到父亲的慈祥与关怀——父亲给予身边学生、同仁甚或妻子的那份教益与爱，做女儿的有着无限的羡慕，甚至有一瞬的妒忌，但是更多的情愫是为父亲骄傲，没有怨恨。

笔者似有不甘，记者的“职业毛病”这时又犯了，“您父亲只身去香港之后，可以说把所有的爱与精力都倾注在教育著述、家庭以外，对此您有何感受呢？”钱辉幽幽地对笔者说：

“这就是生活，这就是天命，所有情缘的交汇或分离，不随父亲的主观愿望所能决定，他想关心我们，他想把亲情分给我们，因为外际的客观阻挠，我们无法分享。”她以不忧不惧的超然气度接着说，当兵的人也是这样，多少年出去顾不到家，难道他内心不想忠孝两全吗？一定不是！父亲和我们同样的无奈，真的没有什么可怨恨的，对父亲之外的其他人就更怨恨不到了，替我们接受父亲的爱惜与教诲的所有人，会传递和扩散它们的磁场，我们已经在某个纬度中接受到并感受其中……

钱辉还感慨，母亲也谅解父亲的选择，正如她谅解女儿选择外出一样。于此我们获得共识，任何经历都不会是一种浪费或错误，走了这条路，只能看到这条路的风景，而另条路的风景，便成为朦胧与梦想，因为有看不清的风景，有“看不清”的遗憾，也就构成了人生的丰富与奇幻。好比一位哲学家所说：“尽管我们未能走遍树木里纵横交错的无数条小路，然而，由于它们的存在，我们即使走在其中一条上也仍能感受到曲径通幽的微妙境界。”

钱行以《最后的孝心》一文寄托着他对父亲的孝意，“现在所能做到的，只是三年无改于父之道了。父亲教导我们读书的第一要义是明白做人的道理；为了明白做人的道理，也必须认真读书。愿以三年为期，认真读一些父亲的书，依其道而行，以赎不孝之罪于万一……”他对父亲的理解，尚有众人不察的细微之处，退休之后一直在研究父亲的著述，岂止“三年”？！他是“天涯的闲闲书话”和“教师版”上最活跃的思想者之一。他会从迥异于大流俗流的感性视角去理解父亲，他在网络论坛上发表过这样一段文字引起了笔者的注意，不由得想起穆迪的一句话：品德就是黑暗中的为人。好似在暗处无意间看到了钱行先生朴素而真挚的品行与为人。摘录一段于此：

《师友杂忆》封四有一段说明，说本书对与作者同时的胡适、汤用彤、孟森、顾颉刚、陈寅恪等现代著名学人，许多鲜为人知的逸闻趣事，亦多有展现。这说明当然不错。但是，关于秦仲立校长的事，在本书中的记载，却甚至比上面列举的各位名人还多。有的人有名，有的人无名，但是在钱先生心中，他们的轻重肯定不是由他们的名气大小决定的。对读者来说，或许对名人逸事更感兴趣一些，但是，对作者来说，却肯定不是这样的。钱先生对秦校长还有后来结识的朱怀天先生，感情是十分深厚的。或许也正是由此，秦校长和朱先生的事才会为我们所知。

（注：钱行在文中称呼其父亲都称“钱先生”，意

在以网友的普通读者身份发文。）

叔侄情谊

钱穆与钱伟长的叔侄情谊，为世人所共赏。钱伟长比宾四叔小17岁，在伟长出生时父亲钱挚为其取名，谦让于大弟钱穆，于是“四叔替我取名伟长”（“四叔”称谓由先生的字“宾四”而来）。建安七子中的徐干，字伟长，文才绝佳，四叔取“伟长”名，无论从历史人物还是字面意义来理解，都对侄子寄予了厚望。

钱伟长自有记忆从幼时4岁起，“母亲嫌我贪玩，祖母总是护着我，动辄‘心肝宝贝肉’”。对孩子的成长教育，其父钱挚与四叔钱穆时有磋商，父叔俩共同担忧着一个问题，过多的宠爱，只会使孩子过于娇嫩，经不起风浪，难以成才。钱伟长7岁那年，他们便决定，让他跟随四叔人读住校后宅小学。学习、生活完全得靠自助自理，陪伴于身旁的四叔，集家长老师双重职能，在伟长心智独立成长的全程，对其智慧情志等养分的渗入，不可算少。读书的习惯和兴趣，是随行于自己身上的最好的老师，伟长因与四叔的紧密陪伴，很早便获得。

四叔不仅会读书，那年25岁就任后宅小学校长，建校舍，辟操场，设图书馆，在侄儿眼里，校长一职也干得很有担当，在那艰苦条件下，一些基本建设的筹划他一手操持，与泥木匠一同商量，参与劳动，学校乡里对这位既能教书又能带头劳动的校长无不尊重。

1927年秋，被省立苏州中学聘为主任教席的宾四叔，给侄儿伟长再次引路，去信嘱他报考苏州中学。仅上初二的伟长跳级报考了苏州中学高中，不负众望，发榜时他的名字出现在榜中最后一名。

父亲很受安慰，仍然揶揄道："你这次可真成了孙山。"众人都为他的跳级考取苏州中学庆幸，最高兴的是伟长自己，抓住了"最后一线希望"赶前一年来到四叔身边，又可以得到他的示范引导了。

父亲钱挚送他乘船去苏州的情景，伟长记得很清楚。那时父亲的身体和心境都不佳，"四·一二"事变，父亲所在县中有8位教师惨遭杀害，作为教务主任痛心不已，他面色蜡黄，一边咳嗽，一边声音凝重对伟长吩咐："时世艰难，你今天能进苏州中学，机会难得，那里名师荟萃，你当学点真本事，家里虽困苦，总尽力让你读完高中，你在困境中读书，更要奋发有为，莫让时间虚掷……"钱家微风细雨式的启发式"家教"，几代相承，这种熏陶与滋润，反倒能深入心田。

伟长在苏州中学读书的学杂费、生活开支，全由四叔承担。四叔与伟长父亲共同把积攒的一点钱凑起来买了一部《四部备要》，它也备份了兄弟情之精要。学费资助、读书陪伴，叔侄间的这种物质和精神的相濡以沫，给彼此的记忆打上了深刻烙印。

叔侄伴读，又在苏州中学延续。四叔对经、史、子、集无不精读，在侄儿眼里，看他读书的滋味简直胜于任何美餐。叔常给侄儿讲文学，从《诗经》、《史记》、《六朝文赋》讲到唐宋诗词，从元曲讲到桐城学派、晚清小说……后来伟长投考清华大学，从容应答关键考题，正得益于平日与四叔的闲谈。

血浓于水、和衷共济的友爱亲情，又获得文学思想的浇灌滋养，叔侄、师生、朋友，知己，儿重情义共生繁殖，情感之浓烈，非仅"侄儿"、"叔父"之称呼所能承载。

1928年，是钱氏兄弟家门不幸的一年，先生的原配妻子和刚出生不久的孩子，因医疗保障条件差，产后母子接连夭折，在苏州工作的先生来不及赶回，本已抱病在身的兄长钱挚，因料理丧事操劳过度，不久也倒下离世。这场家庭劫难，于叔侄感受中，有着筋肉相连的伤痛。因为互相牵扯可以加倍地感受对方的痛，体恤对方的伤，心与心便靠得更近。

1935年“一二九”运动爆发，血气方刚的钱伟长愤然投入运动，骑自行车南下分发传单宣传抗日，到南京后被民国政府拘捕。侄儿一下子生死未卜，先生的心整日悬着，那几日寝食难安，多方奔走找人营救，最后请到了清华大学梅贻琦校长出面交涉，不久钱伟长被获释送回北平。

离别伤痛总会筋脉相连，还有一种相连也很有意味，叔父拥有的情义友爱，到侄儿这里也能一脉转承。

前文说到先生在北大7年多，身边有一位很得力的助手贾克文。宾四晚年著文称他为“永留记忆的一人”。原主人让他倒一盆洗脸水都不干，还负气出走，但他跟钱先生很有缘，到了他家什么事都愿意做。后来先生随学校南下，贾克文还常去照顾钱先生家庭，不久钱先生离开了大陆，他便追随钱先生的侄子钱伟长先生，每年过年过节克文都要去看望他，在钱伟长先生被打成右派蒙难时更不例外。贾克文后来年老体衰，又叫儿子代他去看望。由此来看，先生早先拥有的一份特别的情义友爱，他的侄子也有一种基因或是气场，可以毫无障碍地接收和互动。

父女于台湾相伴一月

首次香港团聚后，时隔半年，1981年开春，钱易与堂兄钱伟长因讲学活动，也获得了出境机会。钱穆夫妇再次到香港，这次会面的是大女儿与大侄子。他俩见证着父亲、四叔不同人生阶段的大陆情缘，浓郁的父女、叔侄间的血缘之情师友之情，积聚32年后一起汩汩而出。在钱夫人胡美琦眼里，这次的相聚，钱先生的激动与兴奋胜过前一次，善言体贴的女儿让他释然许多；有着共同往事记忆的侄儿，也继有父风，善接人事，会详告叔父，家乡的变迁事况，这些是从子女那儿所无从替代和获得的。

香港中文大学校长马临、新亚书院院长金耀基对钱先生重见大陆亲人，也非常振奋并倾于关注，将他们四人安排住在中文大学宾馆，“楼上三间卧室、楼下客厅和饭厅，只供我们一家使用。”钱易高兴地对父亲说：“在这里真像家一样。”父亲欣慰道：“你觉得开心就好。”沉吟半晌，语调中又注入遗憾：“这里怎么能比得上家啊？什么时候你能到我台北家中住一阵就好了。”

先生的这个愿望，在女儿钱易心中生了根。1981年至1983年，她在美国工作了两年，去台北探望父亲以为是最好不过的机会，但终因障碍重重未能实现。1984年先生九十大寿，大陆的亲人仍然只能到香港为他祝寿。日复一日年复一年，去台北家中一聚，钱易竟等了七年。1988年9月，在荷兰进修的钱易，听说父亲病重，两月不能起床，不能正常进食，甚至话也很少说，心焦如焚的女儿通过多方努力，11月初终于等来了获准入台的消息。

> 当我真的飞越了阻隔骨肉同胞40载的海峡，踏进父亲生活了20年的素书楼时，我兴奋、激动的心情难以形容。记得我直奔二楼，一下扑倒在坐在楼廊中藤椅上的父亲面前，叫道：“爸爸！女儿来了！女儿看您来了！”父亲满脸笑容，拉起我的手抚摸着，连声说：

“好！好！您终于来了！”当晚，父亲破例走下楼，与家人一起用晚餐，饭后又与我谈了许久。他问了我一大串问题：你是不是从欧洲来？为什么到欧洲去？北京的两家怎样？苏州的两家怎样？（指分别住在北京的钱逊、钱易和苏州的钱行、钱辉各两家，那时钱拙已病故——引者注）……谈话中一直拉着我的手……

钱易是五兄妹中最幸运的一个，惟独只有她，与父亲在台北家中度过了相伴的一个月，其他兄妹仅有在香港与父亲获见一两面。五兄妹对父亲的思念与孝心今全由她一并捎上，因而钱易珍惜着与父亲每一刻相聚的时光。

“父亲见我总在家陪伴他，关切地问道：‘你怎么不出去玩玩呀？’可他夜间从睡梦中醒来，又常要问身边的继母：‘我的女儿在哪里？’听说我在睡觉，他不满地嘀咕：‘她怎么老要睡觉？’曾有几晚，我睡在他卧室里陪伴他，当我听到稍有动静，立即翻身下床上前服侍时，父亲总是抚摸着我的手臂说：‘快去睡，别着了凉。’有一次我为父亲洗澡擦背，他连声说：‘好舒服啊！这是我女儿第一次为我擦背。’我不禁泪水盈眶，喉头哽咽。”

“最有意思的是，父亲总是把我看成‘小孩’。他常常问我：你今年几岁了，听到回答后，又总是大吃一惊：‘喔？！’这样的问答，不知重复了多少遍。父亲常爱一声不出地旁听我和客人的谈话，夜晚他会告诉继母：‘我的女儿很懂事的，她长大了。’”

其实那时钱易女士已届五旬，是国内享有盛誉的水污染防治专家。永远将女儿视作小孩的父亲，难怪要惊喜不断了。

人生的过程确实呈圆周形，首尾相连，到了人生的暮年，便进入童真的回归期。时已94岁的先生在女儿眼里，正是有着无限童趣的老人，同时仍不减勤勉与智慧。亲眼目睹童趣、勤勉、智慧这三者集于父亲一身，无怪乎女儿也要震惊了，钱易有这段回忆——

> 在我到台北的第七天，父亲突然要我为他准备纸笔，然后伏案写作起来。以后又写了好几次，有时一口气可写两个小时，得十来页文字。我又惊又喜，久久地注视着书桌前的父亲。他一会儿深埋着头，下笔的手用劲大，动作快，一会儿又抬起头来，眼光凝聚在远方，完全入了神，浑然不觉周围事物。我在心头低声呼唤，父亲，我今天才看到了您在素书楼的真正生活，我今天才明白了您为几十部著作和难以计数的文章讲稿，所付出的心血。您至今仍是思潮汹涌，您还不老，您的日子还很长很长……

父女台北相聚的一月，虽然短暂却是愉快而难忘的。叙谈家常是相聚的主要内容，先生从对故乡记忆中提取着许多幸福片断，他清楚地描述无锡七房桥的旧宅形貌，但钱易生于苏州只对耦园有记忆，他又和女儿一起回忆苏州度过的温暖时光……那里的书房虽小，却是他完成《史记地名考》的地方……书房外有一小花园，池塘、假山俱全，正是散步休憩的好处所……“现在这些房子还在吗？……看来我是回不去了！”时空易逝，人事不再，回忆有甜蜜，也有在父女心间泛起的阵阵酸涩……父亲又告诉女儿，在无锡江南大学执教期间，常爱驾一叶小舟在太湖荡漾，“那才是人间最惬意的事啊！”

一脸喜悦，心向神往，我也仿佛随他重游了太湖的绮丽风光。有一次，父母亲陪我去游阳明山，父亲远望着层层叠叠的山景，又一次对我讲起他当年游览泰山、庐山的情形。父亲告诉我，他登泰山时，学生们为他租了轿子，他却一口气自己爬上了山顶。又谈及曾在庐山住过几夜，结识了一位老和尚……听着父亲动情的追忆，我不禁想，父亲对祖国的爱，是多么具体、深沉！

总有几天阴雨气候

生活不会总是温馨宜人，和煦的阳光之后，总会有几日阴霾风雨，人间常态就是这样充满悖论，令人宿命而无奈。政治上的纷争云涌，又常由文化的个体士人来承当，即使是短暂难得的天伦团聚，也被台湾当局某些人蒙上了深重的政治阴影。

就在钱易在台的一月间，台北报纸上连日刊登对她的猜疑、指控。团聚的家中，电话铃声、门铃声终日不绝，连吃饭也不让人安宁。“他们究竟要把我女儿怎么样？”先生发出不尽的感叹：“这些人不能理解为什么我的女儿会从那么远的地方来看望父亲，他们是不承认父女之间的亲情的，已经完全抛弃了中国的文化传统！”钱易深知父亲虽然耳失聪眼不明，却很清楚侵扰中的不怀好意，视听的障碍并没有障碍得了他对外界火药味的感受，老人敏感到的伤害在女儿这里，会比常人加倍地承受，她心痛，却又不能言表。

一旦僵持，作出退让的往往是希冀平静生活的委屈一方，先生最终决定，让女儿提前两日离台。离台的那天下午，一家人在花园里摄影留念，“父亲一直振作着精神，随我们换了一个又一个场景，照了一张又一张照片，脸上还强露出笑。但到晚饭后，我向父亲鞠躬道别时，他的面容立即凝重起来，竟不对我说一句话。”

谁都能明白，钱老父这是在强忍悲伤，可谓情到深处人孤独。“我想对父亲说的话是那么多，但当时一开口就泣不成声……”钱易女士感受至深，她说在那一刻，对于海峡两岸的沟通以至统一，有着从未有过的切肤之痛，以至对此所怀的信心和希望，也从未有的强烈。但“我万万没有想到，这竟会是我与父亲的永别”。

两岸骨肉的短暂团聚就这样被搅乱了。1988年钱易来台探亲后不久，忽有人又提出素书楼没有租约又不付租金，责问先生夫妇凭什么借用，要求他们搬离居住了23年的“素书楼”……

先生与胡美琦1967年来台北后，先租居在台北金山街，与此同时着手自建住房。先生夫妇踏勘台北各处，选中背山临溪、竹翠松茂的外双溪，由夫人亲自设计，绘制了房屋设计图。此事被蒋经国先生得知，他向胡美琦女士索要图纸，“老师不必费心”，表示由他交给阳明山管理部门办理施工便可，小楼很快就在外双溪落成了。

1968年7月，先生迁住新居，同时双喜临门，或者说，士人获得了双重礼贤，同月被当选“台湾研究院”院士。这个岁月的两件大事，在其情趣教学互动相长的一生中，是具有坐标式意义的。先生将小楼取名“素书楼”，一方面因为他儿时住在无锡七房桥大宅第三进房名，正为“素书堂”之故，以此纪念母亲养育之恩，另一方面有表达素志不改、秉承素志的情怀之意。

先生在“素书楼”23年中，过着惬意而又丰富的晚年生活。在这里他写出了许多重要的学术著作，并开办讲学吸引了无数听众，有位从学生听成教授的二十年听众，正发生于此。著书讲学之余，先生也常在园中散步，种花，吹箫，弈棋，打太极以自娱。园虽不大，却别有风致，这里的一花一木都由夫妇俩亲手栽种。

但风云突变，世事难料。"礼贤下士"的"素书楼"，二十多年后竟然成了先生"非法侵占公产"的"罪证"，由此闹出一场震惊台北的风波。1990年5月，95岁的先生与夫人搬离了素书楼，住进杭州南路自买的一幢公寓。于此前，先生在《中国时报》发表了退出素书楼的声明，"自己仅是一学人，一教师，亦未参加过任何现实政治活动……我已九十又五，没有精力与人明辨是非，生平惟用儒家所论……"钱穆先生表示只想过几天平静生活。搬到公寓后，先生体力日差，记忆衰退，也很少说话，三月后便郁郁离世。

时代的缺憾 缱绻的情怀

钱胡夫妇共有近35年的风雨陪伴。

胡女士自身从事教育研究，又任钱穆先生的"多功能夫人"，这个戏称，笔者初识时并不为之所动，但后来对她加深了解后，所给我的震惊不小，我明白了这个"多功能"缘于她对钱先生的缱绻情怀，是她真正读懂了钱先生，这种懂，是细腻到了理性思维所难以抵达的情意深处的。

《钱宾四先生著作目录》共有A4纸9页，全由胡美琦女士整理而成，我初次看到时，确有不小的震惊，如果说，这次震惊，是胡女士对钱先生思想的全心关注，给了我一种理性震惊的话，那么后来看到她于1991年8月17日发于联合报的《时代的悲剧》，则有一种直通心底的感性震惊了。

说服不了儿子，只能承受父子的离别

三个儿子认定父亲离开大陆就是不爱国的表现，令宾四终生难以释怀。这是钱先生心中最大的痛，夫人胡美琦始终感念得到，并在他离世周年的纪念文中向世人作了一次告白。

先生离开大陆时，三个儿子分别为17、16、15岁，他希望三儿子中至少有一个人，能跟随他出去看一看，若接触到了外面的世界，增长了见识，先生坚信会有所改变的。对父亲的劝导，儿子一个也不愿理会，或者说，不敢理会。在父亲离开大陆当会，老二钱行在报上读到一篇为白皮书上的《丢掉幻想准备斗争》一文所作的评论文章，说父亲是不爱国的、卖国的。因为受这篇文章的影响，他怎么也不肯接受父亲的安排去香港求学，甚至还把这篇文章寄给了父亲。钱行后来虽自述父亲离开后自己曾一度失去工作，小妹也曾失去一次去国外学习的机会，但一笔带过，告说这些都是五十年代的事了，别人再追问“文革”境况，他回以说，“六十年代‘红色风暴’中的那些事，就不要提了。”他保持着淡然心态，似愿以此来抵偿父亲所受的伤痛。

父子间时有通信，但先生自从知道毛泽东主席公开清算他思想后，为顾及家人安危，非必要从不敢主动来信。执笔家中信件的老大钱拙，不肯割断和父亲这最后一线联系，“文革”中，为天伦的“海外关系”吃尽苦头。

1979年2月，新亚书院创校30周年，钱胡夫妇应邀自台赴港参加庆典，大陆报纸竟然报道了这则消息，老大钱拙见此消息按捺不住激动，即去信到香港新亚书院，请求帮忙与父亲联系。

那年的农历新年初三，胡美琦清楚地记得，一位面熟但叫不出名的男士敲开了她素书楼的家门，他自报是新亚书院的一位教师，自港来台，受金耀基院长之重托，因怕邮寄中途遗落，特别交代要把这封重要的家信亲手交给钱院长和夫人。就这样他们收到了已中断15年的大陆家书。

不知此信能否顺利到达父亲手中，钱拙初探式的短短来信，仍给老人不小的震惊。大陆进行“文革”十年，先生对子女的生死存亡久不敢去想，一下子获知五个子女居然都活着，并成了家，各有两名子女，得到宽慰的同时，陈年往事也涌上心来，再难平静。

不久钱拙又去了第二封信，表达想见父亲的强烈意愿。父亲又何尝不想见他们，但那时大陆与台湾的两扇门都俨然紧闭，不可能有一丝松隙。先生退而求其次，去信说，父子相见也许只能待机会在香港会面。这个主意算得上是最解亲情饥渴的“近水”了。钱拙与兄妹商量后即回信，他们兄妹随时都可申请来港会亲，要父亲立刻决定去香港会面的日期，但大陆这边五个兄妹可能不会同时获批赴香港，钱拙便给父亲出了一道难题，要父亲说明想见五个子女中的何人，他们好作赴港努力。

先生好为难，他不知道叫谁出来好，除了钱拙，四个从未给父亲写过信的儿女，日久已生疏。这些长期在“共产社会”生活的儿女，对父亲会有什么看法，他无从想像。

台湾当局对大陆共产党人有过夸张描摹，使得大陆人的脸谱在台湾民众心中狰狞化。尽管这样，长久深藏的父子亲情，被钱拙的来信激荡开来，从心底浮现到了心头。老人心情片刻难安，既想见，又怕见。怕是因为，子女毕竟在“狰狞”世界生活了好几十年，并带着“难题”求见。“宾四已然没有了主见”，最后他接受了夫人的建议，不从经济方面考虑，把谁来谁不来的决定，完全交由子女们自主，愿意来港与父亲相认的，只要大陆政府批准出境，都欢迎来港相会。

信发出不久，他们很快收到钱逊、钱易、钱辉三兄妹的来信，各自述说了对父亲的思念，“使宾四悬在空中的心宽慰不少”。钱先生的心情起伏，都逃不了敏锐善感的夫人之眼。老二钱行却迟迟不见信来，这又让宾四疑虑重重，难道他认定父亲“不爱国”还是不愿来港认父？那时弄得钱夫人“也跟着紧张了好几日”，终于在他们动身去港前两天，收到了二儿子的信，表达同样的心情，盼望见到父亲。原来他正下放在农村，信件途中辗转耗时长久，才会有“迟到的思念”。夫妇俩释然之后，“怀着轻松的心情上了路”。

> 几十年来，宾四经历了无数波折，在我眼里，他是一位十分沉着从容恬淡洒脱的人。但这一次，他的神态却大不同，竟显得这般忐忑紧张，令我吃惊。他不安的情绪，也深深感染了我。想到了电视上共产党人的形象，我心里不免产生了恐惧，担心着即将见到的，不知会是怎样一种亲人。那种矛盾复杂惶恐不安的心情，难以形容。直到见过面，方知是场可笑的虚惊。

1980年8月25日，这一天，可以载入大陆与台湾人伦文化交流的开创史册。于钱氏家庭而言，失散的血缘亲情，历经三十多年后，才彼此获得认领，所有人经历了一生中最魂魄不宁的一天。先生夫妇俩从下午一点半到车站口等待，直到七点半回旅店，足足有6小时在惊惶、猜测、祈盼中度过。钱拙兄妹四人一早在深圳排队，费了一整天的等待和辗转，才到达会面地点，这期间也有着不尽的情与思的淬炼。

虽然他们赴港前，与继母交换了各自的照片，但钱拙一行下车到入口处，对一直站立于此穿着长袍的父亲竟没有些许辨认犹豫，径直走开在其他身影中搜寻着，先生自然也没有认出四个子女来。他们都参照着记忆中的影子在寻觅，似乎排斥着现实照片中的印迹，自然在首次对视中错过了对方。反倒继母没有过去影像的干扰，加上来前早已将照片反复印于脑海中，却能一眼认出钱辉，钱辉听到自己的名字，迅捷也认出了呼唤人身旁的父亲，三个哥哥这时已走到前面去了，钱辉快步上前把他们叫了回来。父子几人这时都从对方形貌中搜索到亲人的信号，唤醒了模糊的记忆，比对吻合后相视而笑。

平日里出外办事或游玩，节俭惯了的钱胡夫妇俩，不论多晚都要赶回家吃饭，这次却不惜破费在太平山顶豪华旋转厅款待从大陆来的儿女。坐定后先生最害怕会有的生疏感，依然袭来。最亲的骨肉，在陌生和久远的时空相隔后，一旦相逢，尊者接受到小辈稍有言语上的不恭不敬，自会是一种伤痛，但如果消弭不了情感上的生分，比起前者更是一种不可释怀的隐痛。

父子之间流露出的生疏感，不是短暂相聚所能弥合得了的。胡美琦深知这一点。长子钱拙的性格较为活泼开朗，他与父亲相知相守的时间是兄妹中最长的，显得与父亲比较亲近，懂得去理解和靠近父意。次子钱行、三子钱逊，本身性格内向，因时空距离造成的生疏，更使他们在父亲面前极少开口。人生命运总有太多无可奈何的悲痛，作为一直联结于几兄妹与父亲间的感情纽带的钱拙，早早于父子相见后的第二年便因病离世。“他的早逝，真可说是宾四老年的不幸”，胡美琦女士相信，如果有钱拙在，宾四生命中的最后几年，因与子女达到他所理想的沟通状态，生命质量会有所不同。

没有了钱拙，有所畅通的交流又受阻了。钱夫人习惯于同步于宾四之忧而忧：几个儿子在大陆的实况，老人竟是从外人口里获知，以宾四的性格是难以承受这个事实的。

> 宾四重伦理亲情，他认为父子亲情应超出于政治意义之上。但他是个思想开通的父亲，并不要干涉儿子的政治认同。宾四认为，父子果有情，相互关怀，终有异见，也可推诚相谈。别人不了解他，批评他，他不在意。就连当年毛泽东对他的批判，他也能谈笑置之。但是对儿子，他是认真的。他要知道，分别几十年后的今天，儿子们脱离了不成熟的中学生时代，对他这个父亲又是如何的看法，两代之间，彼此对人生价值意义的认识，始终没有获得真正的沟通。而不幸的是，我也不能胜任做好一个为他们父子双方沟通情感的中间人。

于先生看来，推心置腹的责备、埋怨，远远胜过那种含糊的体贴、无语的忍让，他要的体贴孝敬是——子女对父亲的传统文化择善固执，进行各持己见的争论或是由衷的理解。可情况是——只要一涉及当初政治对文化的牴牾性见解，几个子女就缄默不语，这令先生难以接受。

先生看重人伦亲情生成的孝悌礼仪，胜过来自社会外界的敬重膜拜，在他的90岁寿庆日里以他的沉郁作了一次告白。1984年7月

5日，临近宾四的90大寿，胡美琦又一次安排了大陆子女来港与先生团聚，这次来了钱行、钱逊、钱易、钱辉四子女，还有长孙钱松和孙女钱婉约，共六人。祝寿那日胡美琦出外拿所订蛋糕，因途中遇交通事故，计程车被堵，回来时已近中午。一进屋，钱易惊慌地告诉她，虽然一上午父亲接到了无数次的祝贺电话与来访，可父亲似乎仍然很不高兴，这是为啥？先生的心思只有夫人能猜得透了，她上楼对沉默不语的先生轻声细语："儿女们在等生日蛋糕点上蜡烛，才好拜寿。"先生这时才欣然出房与家人一同吃寿面。

> 宾四午睡后，大家忙着把蛋糕摆好点上烛，又把带来的生日礼物摆在桌上，来的六个子孙一个个含着眼泪向前行三鞠躬礼，每人说了几句祝福的话，大家又合唱了生日快乐歌。宾四含泪微笑，两个女儿泪流难止。烧饭的女工站在一旁看到这感人的一幕，也不停地用衣服擦着眼泪。我当时很想提醒他们跪下给父亲行大礼，但话到唇边又咽了回去……

胡美琦女士的心情很矛盾，既希望丈夫能从孝礼中得到莫大安慰，又恐两岸的隔阂误解会破坏和谐气氛，可最终她还是后悔，因为自己的勇气不足，让他们永远失去了这个机会，向父亲表达孝心以一种庄重仪式呈现。

先生为情所困，钱易成为"解困"助手

先生夫妇从儿女"避重就轻"的言谈中，得出结论，大陆人

民只愿向前看，不愿回望过去；只愿谈现实生活的具体面，而怕谈精神生活的情感面。2010年上海世博会的中国展馆内容，似与他们的结论“不谋而合”。中国宣传片里只反映了改革开放后的中国面貌，新中国成立至改革开放前这一段便是空白，连一笔带过都没有。对如此巨大时空中的社会历史行为，竟可以不置一词，没有一个坦诚的思考与交代！这确实有些过于“向前看”了，可能我发言人对过去历史反刍反思，还没有找到一个合适的时机。

只愿“向前看”，必然害怕伦理的牵扯，无怪大陆人总会掩藏精神生活的情感面，与伦理渐行渐远，抑或为了跟从舆论“向前看”，也只能与伦理“神合貌离”。台湾却有一位领导人提出，将“伦理、科学和民主”作为当今文化复兴的三个纲领，不但确认了文化传统精华——“伦理”的重要性，还把它放置于首位的高度。同宗于中华祖先的大陆人，值得掂量，为便于融洽地沟通与交流，在神与貌上我们不应再疏远伦理了。

自从举家于香港为先生祝寿后，一连三年，在夫人眼里，一贯乐观豁达的宾四，却没能自己化解开心理的郁闷，她用了“为情所困”四个字。有一天还是按捺不住向丈夫发问：“想和儿子再见面谈谈吗？”

“如果只谈些表层生活，又何必再奔波？！”

夫人要为宾四解困，想到的最好助手便是他的大女儿钱易，听闻她将去荷兰访问，这期间可争取机会让她来台湾。从此钱夫人为钱易入台，艰辛地铺起了通行之路。1987年8月18日，她专程赴香港约见钱易，专谈先生的心情问题。她们在香港碰面后的第一时间，把钱易有可能去台湾的消息在电话中急忙告诉老人家。

先生在电话里像孩子般连声呼唤：“你一定要来看我啊，你一定要来看我啊！”

女儿在电话的另一端应道：“爸爸我一定会来，一定会来看你！”

感受到老人从未有的情感依赖，钱易和继母挂完电话，两人心酸得泪水涟涟。

钱夫人回台后，看报上说，海外大陆学人来台访问事宜，全由“三民主义大同盟”负责。她不断去电咨询手续办理，却得不到任何明确答复。不日又见“当局政府放开大陆同胞来台探病奔丧”的消息。胡女士坚信，举头三尺有神明，她以善心祈求神明，保佑整个方案及早实施，让所有盼见亲人的有病老人都能受惠。可是此政策从1988年5月吹风，一直拖到同年11月初仍未有明确的开放日期公布。于是胡美琪直接向“内政部”打电话，表明身份后，还是催促整个方案尽快出台，通话最后她留下一句话掷地有声：“我从不想要求特权，但政府也没有对老百姓不守信诺的特权！”

因为政策的一再拖延，钱易于1988年11月14日恰巧成为“大陆第一人”抵台。一月的父女相伴，床边的深入畅谈，给了先生莫大的安慰，他亲耳听到从女儿嘴里说出的那句话，解开了因误读织成的情感困扰——“惟有爱之深，才会痛之切，这种强烈情感，全由流淌在血液里的中国传统优秀文化所激发，其实爸爸你很爱国！”

钱穆先生何尝不知道什么是真正的爱国，他早就可以释怀平静，但来自血浓于水的理解与自豪，对他来说最重要，内心才能获得安宁！

后记

在我手上有本李开复自传《世界因你不同》，书中提到，在他办公室悬挂的一幅楹联："有容德乃大，无求品自高"，是钱穆先生早年题写赠与他父亲李天民的，父亲将它转赠给了儿子，儿子将它作为座右铭悬于办公室墙上，用来对自己的品行时时提醒与对照。李开复先生是计算机、IT界的精英人物，他曾经以自己的切身感受给中国学生致信：《从诚信谈起》、《从优秀到卓越》……

无论成功还是精英，必然首先让自己具备了优秀品质。有句名言耳熟能详，幸福的家庭是相似的，不幸的家庭各有各的不幸。其实这层意思在世间可举一反三，有杰出成就者同样会有上述的"相似"，总是具备着"行之四海而皆通，置之百世而无疑"的人文品质。

——我想说的是，这种"相似"和上述的"父子传承"，协同考证了钱穆先生所理解的经典人文。他认为，人文的东西，是个恒定的守量，后人并不能将此如同物质财富一样，日新月异继涨增高，却只能温故而知新，坚守与追随。

《易经》上有“人文化成”之语，自古以来，文化就立足于人文，钱穆先生以中华文化的受惠者自居，以传播文化为终身己任，始终立足于文化本位，钱穆先生一贯视教育重于政治，视育人重于教书。因为育人具备教育的长效功能，可以“见贤思齐，见不贤而内自省也”。钱穆先生之所以要中国的读书人负起两大责任：一是自己读《论语》，一是劝人读《论语》，在读的过程中实践修身、齐家、治国、平天下的儒学精神——他的一番苦心在于，《论语》给中国人明确了“贤”与“不贤”的总标准。

事实证明，经典人文可不断在时空的跨越与更新中获得检验，崇尚经典人文与目前所倡导的创新文化，并不牴牾。举个例子，孔子说：“温故而知新，可以为师矣。”温习旧的知识，进而懂得新的知识，这样的人可以做老师了；“学而不思则罔”，只读书而不肯动脑思考，就会迷惑不前……这些理论同样对创新文化有着思维观念的合理引导。

经典人文既然不存在时空的障碍，我们更不能人为地以时空设障，经典人文完全可以世界共享，有爱国激进者提出所谓“文化入侵”这个概念，作者以为有必要推敲……

钱穆先生对孔子奉若明灯，对此，读者能否和作者一样已然理解和接受？确实我们无法挣脱这样一个事实：人文的最高思想与精神，一定确立在人类的童年，诸子百家中孔子，则是杰出代表。

“在我心目中，钱穆先生就是伟大教育家孔子的再现。”钱先生的学生洪德辉如是感慨。我们一代代后人能够做的是，依然要仰望明灯，仰望“再现者”，并不停追随，努力让自己和身边人成为“再现者”。

其实我们每个人都可以让世界因我不同，因我有所改变、有所进步。做到这些，无非是将经典人文运用得更好更彻底罢了。“君子之德，务使泽及当时”，推崇君子之道，是中国文化经典人文的精粹之一，到今天我们所要做的是，不应让其式微，而应壮大。

2011年9月15日

附一：钱穆先生简要年表

1895年7月30日，生于江苏无锡延祥乡啸傲泾七房桥村。

1901年7岁 入私塾读书。

1904年10岁 进入无锡荡口镇果育学校读书。

1905年11岁 父逝。

1907年13岁 进入刚创办的常州府中学堂读书。

1910年16岁 因课程改革之事自动退学。

1911年17岁 春转入南京私立钟英中学五年级。夏患伤寒。

1912年18岁 元旦辍学居家。任无锡秦家水渠三兼小学教职。教读生涯开始。

1913年19岁 迁家荡口，转入无锡鸿模私立学校，任教高级班。

1914年20岁 暑期受聘梅村无锡县立第四高等小学，兼鸿模课。

1917年23岁 完婚。

1919年25岁 任无锡后宅镇泰伯市立第一初级小学校长。

1920年26岁 兼任泰伯图书馆馆长。

1922年28岁 秋，转入无锡县立第一高等小学任教。

不到一月，南下任厦门集美学校国文教师。

1923年29岁 回无锡任江苏省立第三师范学校国文教师。

1927年33岁 秋，转任教第四中山大学区苏州中学，为国文课主任教席。

1928年34岁 妻殁、儿殇、兄亡，连遭三丧。

1929年35岁 续姻，夫人名张一贯。

1930年36岁 秋，北上，任燕京大学国文讲师。为任教大学之始。

于《燕京学报》上发表成名作《刘向歆父子年谱》。

1931年37岁 夏，任北京大学史学系副教授，兼清华大学课程，旋升教授。

1937年43岁 抗战全面爆发。参加北大教授集会，决议通电拥护抗战。

1035年41岁 出版《先秦诸子系年》，享有盛誉。

1938年44岁 随校至昆明西南联大任教，撰写《国史大纲》。

1939年45岁 回苏州侍奉母亲一载。《国史大纲》脱稿。

1940年46岁 成都齐鲁大学主持国学研究所并兼课。

1941年47岁 春，武汉大学讲学一月。

1943年49岁 先后任教于浙江大学、华西大学、四川大学等。

1946年52岁 昆明私立五华学院任教，兼任云南大学教授。

1948年54岁 春，无锡江南大学任文学院院长。

1949年55岁 春，应聘广州私立华侨大学，旋迁居香港。

创办亚洲文商学院，任院长。

1950年56岁 亚洲文商学院改名新亚书院，任院长。

1955年61岁 新亚研究所成立，兼任研究所所长，访日。
获香港大学名誉法学博士学位。

1956年62岁 1月30日，与胡美琦小姐九龙缔婚。

1960年66岁 应邀至美国耶鲁大学、哈佛大学、哥伦比亚大学讲演，授课。获耶鲁大学名誉人文学博士学位。又至英国访问，参观牛津大学、剑桥大学。

1965年71岁 辞新亚书院职务，离港赴吉隆坡马来西亚大学讲学。

1967年73岁 定居台北，各处讲学，撰写新著。

1968年74岁 迁入素书楼。7月膺选为台北“中央研究院”人文组院士。

1969年75岁 任台北中国文化大学史学研究所教授、首任博士班班主任及台北故宫博物院特聘研究员。

1974年80岁 偕夫人胡美琦女士南游，缅怀故乡亲人。
撰《八十忆双亲》。夫人绘《牡丹图》贺先生八十寿。

1979年85岁 赴港出席新亚30周年纪念会。

1980年86岁 与三子钱拙、钱行、钱逊，幼女钱辉会于香港。
分隔卅二载得七日相聚。

1981年87岁 与长女钱易、长任钱伟长晤聚香港。

1984年90岁 获文化奖章，儿孙及学生聚港举行隆重热烈的祝寿活动。

1986年92岁 应台北《联合月刊》编辑之请，发表对国运和世局的识见。谓和平统一是中国的大前途、大希望、大理想、大原则。中国大陆《人民日报》又予摘转。

1987年93岁 当选为台北中国文化大学名誉教授。

1989年95岁 返港参加新亚书院40周年校庆并致辞。

1990年96岁 6月1日迁出素书楼，寓居台北杭州南路。

8月30日上午9时许，平静逝于台北寓所。

1992年 归葬苏州太湖之滨。

附二：《钱宾四先生全集》总目录

第一册 国学概论
第二册 四书释义 论语文解
第三册 论语新解
第四册 孔子与论语 孔子传
第五册 先秦诸子系年
第六册 墨子 惠施公孙龙 庄子纂笺
第七册 庄老通辨
第八册 两汉经学今古文平议
第九册 宋明理学概述
第十册 宋代理学三书随札 阳明学述要
第十一册至第十五册 朱子新学案
第十六至十七册 中国近三百年学术史
第十八至二十三册 中国学术思想史论丛(一至十)
第二十四册 中国思想史 中国思想通俗讲话 学龠

第二十五册 中国学术通义 现代中国学术论衡
第二十六册 周公 秦汉史
第二十七二十八册 国史大纲
第二十九册 中国文化史导论 中国历史精神
第三十册 国史新论
第三十一册 中国历代政治得失 中国历史研究法
第三十二册 中国史学发微 读史随札
第三十三册 中国史学名著
第三十四三十五册 史记地名考
第三十六册 古史地理论丛
第三十七册 文化学大义 民族与文化
第三十八册 中华文化十二讲 中国文化精神
第三十九册 湖上闲思录 人生十论
第四十册 政学私言 从中国历史来看中国民族性及中国文化
第四十一册 文化与教育
第四十二册 历史与文化论丛
第四十三册 世界局势与中国文化
第四十四册 中国文化丛谈
第四十五册 中国文学论丛
第四十六册 理学六家诗钞 灵魂与心
第四十七册 双溪独语
第四十八四十九册 晚学盲言
第五十册 新亚遗铎
第五十一册 八十忆双亲师友杂忆合刊
第五十二册 讲堂遗录
第五十三册 素书楼馀渖
第五十四册 总目